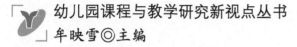
幼儿园课程与教学研究新视点丛书
牟映雪◎主编

"重庆市三特项目"之学前教育特色专业项目
重庆市教委重大教改研究项目"全实践理念下学前教育专业多元化人才培养模式改革研究与实践"（131013）
重庆市教委人文社科项目"整合课程内容统整与学习方式研究"（04JWSK050）

Research on Content Integration and Learning
Style of Kindergarten Integrated Curriculum

幼儿园整合课程内容统整与学习方式研究

牟映雪 著

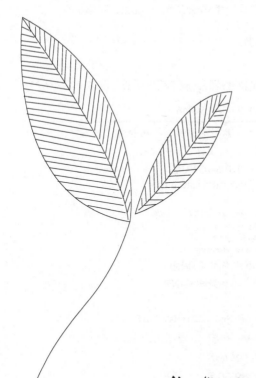

科学出版社
·北京·

内 容 简 介

　　幼儿园课程直接影响幼儿学习方式的选择，幼儿学习方式的转变需要以课程整合为载体。本书立足于整体发展的教育理念和幼儿生命的特殊性，以幼儿的兴趣、经验和发展作为引导及组织依据，认为课程内容统整是实现课程价值统整理念的基本路径。幼儿园整合课程的特征是以课程主题为核心的统整学习，旨在统整幼儿的知识、能力与情感，促进其知情意协调发展，最终实现幼儿园教育的整体发展价值。

　　本书以整体课程观和交互作用原理为理论基础，在对幼儿园整合课程的价值进行阐释的基础上，深入分析了幼儿园整合课程内容统整的特点、方式以及课程内容统整下的幼儿学习方式特点。同时，本书基于案例分析，通过剖析幼儿的个别化交互、社会化交互和交互中的交互这一生态系统中各因子的相互作用，揭示了幼儿园整合课程内容统整与幼儿学习方式交互的价值。

　　本书对学前教育研究者、幼儿园教师的理论研究及教育实践具有参考价值。

图书在版编目（CIP）数据

幼儿园整合课程内容统整与学习方式研究/牟映雪著. —北京：科学出版社，2019.12

（幼儿园课程与教学研究新视点丛书）

ISBN 978-7-03-063756-7

Ⅰ.①幼⋯　Ⅱ.①牟⋯　Ⅲ.①学前教育–课程–教学研究　Ⅳ.①G612

中国版本图书馆 CIP 数据核字（2019）第 280846 号

责任编辑：崔文燕　卢　淼 /责任校对：何艳萍
责任印制：李　彤 /封面设计：润一文化
编辑部电话：010-64033934
E-mail:edu_psy@mail.sciencep.com

科 学 出 版 社 出版

北京东黄城根北街 16 号
邮政编码：100717
http://www.sciencep.com

北京中科印刷有限公司印刷

科学出版社发行　各地新华书店经销

*

2019 年 12 月第 一 版　开本：720×1000　B5
2019 年 12 月第一次印刷　印张：13

字数：220 000

定价：89.00 元

（如有印装质量问题，我社负责调换）

丛 书 序

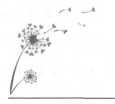

　　课程与教学是教育的支柱。幼儿园课程与教学是学前教育的核心与心脏，承担着学前教育的任务。幼儿园课程与教学的质量直接反映学前教育的质量，幼儿园课程与教学的适宜性与科学性对学前儿童健康、全面、和谐发展具有重要意义。

　　幼儿园课程与教学的对象是学前儿童，学前儿童正处于整个人生发展的启始阶段，是生理开始发育、心智开始萌生、个性开始萌芽的时期，其获得的经验、所受的教育不仅仅影响学前期、青少年期，还会贯穿一生。在这一阶段，学前儿童如果接受了适宜的幼儿园课程与教学的熏陶，获得了关键经验，对其一生将具有重大价值。幼儿园课程与教学的任务，就是要创造良好的教育条件，促进学前儿童身心和谐健康发展，建构生命的意义，使他们成为自己，为其以后的人生发展奠定良好的基础。正是这样的幼儿园课程与教学的价值追求，推动着丛书研究者对幼儿园课程和教学进行重新审视。

　　丛书是在"重庆市'三特项目'之学前教育特色专业"项目的资助下，对幼儿园课程与教学中较突出的问题进行研究的成果，共包括四部专著。

　　第一部是牟映雪教授的《幼儿园整合课程内容统整与学

习方式研究》。该书以整体课程观和交互作用原理作为幼儿园整合课程内容统整与学习方式研究的理论基础，认为幼儿园整合课程具有整体复合性、文化生成性和课程话语的个体性特征。在对幼儿园整合课程与学科课程的价值进行辨析的基础上，以重庆市为例，采用问卷调查法对幼儿园整合课程实施现状进行研究，主张以幼儿的兴趣、经验和发展作为课程引导及组织依据。

第二部是邵小佩副教授的《幼儿园生命关怀教学研究》。该书在呼唤教育回归生命、关怀生命、重构生命的价值的时代背景下，对幼儿园生命关怀教学进行了较为全面、系统的研究。该书通过对幼儿园生命关怀教学的研究，对促进幼儿园生命关怀教学进行本体解读，阐析其理论基础，回溯其思想渊源，揭示其基本理念，并构建幼儿园生命关怀教学的系统体系，深化了生命关怀教学研究，加强了幼儿园生命教学理论与实践的联系，有助于促成幼儿健全人格的养成。

第三部是田波琼博士的《幼儿园课程权力运作研究》。该书在回应世界教育的民主化运动，呼唤课程权力运作主体的多元化、课程决策的民主化与科学化的要求，以及幼儿园课程权力运作理论缺失与实践困惑的背景下，通过社会学、管理学和教育学等多学科视角，以重庆市三所幼儿园为个案，对幼儿园课程权力运作进行理论分析和实地考察，探讨幼儿园层面课程权力的运作样态，揭示其运作机制，发现其存在的问题，提出优化幼儿园课程权力运作的策略。

第四部是李彦琳博士的《当代中国幼儿道德教育变革研究》。该书旨在研究改革开放近 40 年以来我国内地进行的幼儿道德教育变革历程，揭示其经验教训。该书基于对改革开放以来我国幼儿道德教育变革与发展的回顾，挖掘变革的动因，揭示变革的本质和特征，揭示幼儿道德教育内外环境的相互作用，展示幼儿道德教育本土化、理论化、科学化、民主化的努力，并探寻我国幼儿道德教育的未来路向，以期服务与指导当前中国幼儿道德教育建设，并为教育工作者和决策者提供历史借鉴。

　　总之，丛书是一套有品位的学术专著，凝聚了重庆师范大学牟映雪教授、邵小佩副教授、田波琼博士和李彦琳博士的心血和智慧。丛书可作为学前教育理论工作者的研究参考资料，也可作为教研员、园长、一线教师在课程与教学方面研究与学习的资源。

　　　　　　　　　　　　　　　　　　　杨晓萍

　　　　　　　　　　　　西南大学教育学部教授、博士生导师

　　　　　　　　　　　　2016 年 6 月

前　言

　　幼儿园整合课程是以幼儿的生活和游戏为中心，并将各种教育因素有机结合，使幼儿在与周围环境的整体作用中获得系列有益性经验的结构性课程系统。它作为一种课程形态，以幼儿与生活、幼儿与社会、幼儿与文化的整合为主线，将教师、幼儿及家庭、社会环境等各种教育要素整合起来，在课程整体系统功能的思想指导下对幼儿实施教育性影响，以促进幼儿的整体发展为旨趣。

　　基于科学发展观的幼儿园整合课程，立足于整体发展的教育理念和幼儿生命的特殊性，将课程目标融入个体生命的整体性和动态生成性，课程内容注重个体生命的感受性和体验性，课程实施关注个体生命的自主性与创造性，课程评价关注个体生命的多样性和发展性。而整合课程价值理念的实现必须依赖课程统整来达成，课程内容统整是幼儿教育统整的主要表现，是幼儿园整合课程统整的具体表现。据此，本书以整体课程观和交互作用原理作为幼儿园整合课程内容统整与学习方式研究的理论基础，采用文献法、比较法、问卷调查法和案例研究法探究幼儿园整合课程价值的实现过程。

　　本书从对幼儿园课程的界定入手，认为幼儿园课程的内涵具有经验化倾向，幼儿的活动是其本质特点；幼儿园整合课程具有整体复合性、文化生成性和课程话语的个体性特征。对幼儿园整合课程与学科课程的价值进行辨析，从功能趋向的角度揭示了整合课程的核心价值是幼儿的发展价值，课程的分化与综合具有哲理的辩证统一，幼儿园整合课程是对学科课程的超越。在实践层面上，以重庆市为例，对幼儿园整合课程实施现状进行的研究发现，教师能以新理念指导教育过程实践，幼儿园对整合课程体现出主体性强、自由度大、参与面广且探索兴趣高的特点，但也存在着下列突出问题：急需落实幼儿园整合课程目标，整合学习内容，开发园本教材，建构以幼儿发展为本的课程体系；重新定位教师角色，建立新型师幼关系，促进幼儿教师专业发展；利用家长资源，使家长成为课程的设计者、组织者和实施者。据此提出相关建议：提高幼儿园教师素质，有效实施整合课程；充分利用教育资源，有效促进幼儿发展；积极开发幼儿感兴趣的课程，采用游戏化学习方式；注重幼儿全域发展，强调以质性评价为主的综合评价。

幼儿园课程统整折射出以幼儿为中心的、超学科统整的教育理念，以幼儿的兴趣、经验和发展作为引导及组织的依据，其学习特征是以课程主题为核心的统整学习。其统整的特点表现为：组织主题源于幼儿真实生活世界中的重要问题或议题；注重组织中心与幼儿社会文化脉络的适切性；关注现行意义学习的组织中心对幼儿精熟学习的价值；课程实际方案的生成注重幼儿体验问题解决的民主过程；注重学习者参与课程设计，师幼协同完成课程统整。同时，基于课程内容的统整是幼儿园教育统整的主要表现，也是一种最基本的统整理念，主张以知识观、社会学、心理学和教育生态学为其统整的理论基础。本书在对幼儿园整合课程内容统整的历史掠影中，认为课程内容统整的重要价值是解决幼儿园课程超载问题，旨在统整幼儿的知识、能力与情感，促进其知情意协调发展，最终实现幼儿园教育的整体发展价值。其统整的依据为：幼儿的生活世界是一个整体，幼儿认识世界的方式具有整体性，幼儿终身发展的整体性；并遵循在生活化的浅显性课程内容中、整体性的课程内容结构中和多样化的活动组织中实现幼儿园课程内容统整等原则；整合课程内容统整由此表现出主体性与发展性统一、情意性与经验化统一、情境性与生活化统一、整体性与人文性统一、活动性与生成性统一、家园性与时代性统一等特征；在统整方式上通过学科领域的整合、主题的整合、项目活动的整合、专题的整合和以幼儿的兴趣及爱好为中心的整合，实现幼儿园整合课程内容统整的多样化。

幼儿园课程直接影响幼儿学习方式的选择，而幼儿学习方式的转变需要以整合课程为载体。本书中的学习方式是指学习者的行为参与、情感参与或认知参与方式及社会化参与的有机结合，是具有个体特色的行为方式和认知取向，其实质是个人的处世方式。幼儿的学习活动是以"工具"与"人"为媒介、多通道参与、同其他教育情境因素交互作用的实践过程。它以表象为主，具有较强的情境化特征；是一种幼儿与他人，特别是与同伴交往的体验学习；也是一种以符号世界为中介并建构自我意义的活动。据此，本书中关于幼儿园整合课程中的幼儿学习方式不是指幼儿的具体学习策略和学习方法，而是指影响并指导幼儿对具体学习策略和方法做出选择的有关学习行为的基本特性，具体表现为发散式学习和辐合式学习、发现学习和意义接受学习、同化学习和顺应学习、客体操作学习与交往学习及游戏。这些学习方式在幼儿活动中表现出广泛性、无意性、无序性、情意性和个性化特点。为了更好地理解和领会幼儿园整合课程的学习方式，本书从自主性、交互性、情境性和探究性维度对整合课程与学科课程中的幼儿学习方式进行比较，揭示了幼儿园整合课程中的幼儿学习方式特点：偶发性与自主性统一、合作性与情境性统一、探究性与游戏性统一。

幼儿园整合课程是社会需要、学科发展需要及幼儿身心发展需要对幼儿园教育价值协商的产物。幼儿园整合课程透过课程内容统整，表达了教师对幼儿的人文关怀；而幼儿学习方式基于精神层面诠释了幼儿生命存在的理念。幼儿园整合课程内容统整的目的是促进幼儿整体和谐发展，幼儿整体和谐发展最终需要通过幼儿园整合课程内容统整与幼儿学习方式的交互来实现。本书的交互是指师幼通过一定的教育情境，运用课程设计技术和方法，有目的、有组织地运用双向或多向教学信息传递方式进行相互交流、相互作用、相互促进的一种独特的、创造性的系统化过程。交互的实质是幼儿园课程价值理念与学习方式理念所共同关照的"人"与"物"融入其中的主观世界与客观世界的相互作用、相互依存，由主客二分达成主客统一的境界。二者的交互过程以实用主义、建构主义理论、人类发展生态学和社会学习理论的交互理论为基础。实用主义的相互作用论指出了交互作用的载体——经验与历程的体认。建构主义理论的交互理论强调儿童与经验、儿童与文化、儿童与环境的主动建构，蕴涵着课程内容与幼儿学习活动交互的思想。人类发展生态学的交互理论要求教师从幼儿的整体发展观出发，重视幼儿周边的社会生态环境变迁为幼儿提供的潜在发展机会及其影响，注意幼儿与外界生态环境的交互形式，关注幼儿在学习过程如何通过自己主动进行心理调适，尤其是通过学习方式的调整来促进课程内容统整与经验统整的有机融合。社会学习理论的交互理论认为，幼儿的发展是幼儿与幼儿所生活的环境以及幼儿行为这三者之间的交互。本书在借鉴网络交互模型的基础上，尝试建构幼儿园整合课程内容统整与幼儿学习方式的交互作用模型：以幼儿的发展为基点，涵盖幼儿的个别化、社会化交互以及交互中的交互三个层次，包括了幼儿与内容、教师与内容、幼儿与同伴、幼儿与教师等多维度调控因素；而幼儿园整合课程资源的性质、幼儿需要的性质和学习方式直接决定了交互活动的性质和特点。

　　幼儿园整合课程内容统整与幼儿学习方式交互的过程是幼儿园整合课程价值从潜在价值转化为现实价值的过程。交互作用的价值体现为幼儿与教师共同发展，促进幼儿、教师和外界事物之间的意义建构；其目的在于凸显个体差异，尊重幼儿所具有的联系的、直觉的、创造性的和身体的认知方式，从而凸显幼儿的主体性价值，保护幼儿潜在的学习兴趣，激发其潜在的学习动力，使幼儿的学习融自我发现的内部过程于同伴合作的活动之中。其价值实现过程主要以新媒体背景下幼儿园整合课程"和米罗一起游戏"为例，遵循"整体学习与教育灵性网络"思想，以整体幼儿的培育为整合课程主题选择的导向，其主题始于事物连通性的假设，通过幼儿（现实经验与学习方式）与内容的交互、教师与内容的交互、幼儿与教师的交互、幼儿与同伴的交互及交互中的交互来实现幼儿园整合课程的价值。

牟映雪

2019 年 11 月

目 录

第一章 绪 论

一、本书的缘起和价值

在 20 世纪钟声即将敲响之际，儿童教育家艾伦·凯将《儿童的世纪》献给"所有希望在新世纪里培养新人的父母亲"，预言 20 世纪是"儿童的世纪"。回顾人类社会在躁动的百年中所发生的重大变化，无不与人类自身对儿童的认识息息相关，与儿童命运紧密相关的三部国际公约的诞生标志着儿童世纪的从容到来，尤其是 1990 年 1 月 26 日由 61 个缔约国首领共同签署、联合国通过的《儿童权利公约》——国际社会第一部富有法律效力的儿童权利的法律文书，是儿童发展史上的一个里程碑。《儿童权利公约》主张缔约国应保护每个儿童的生命权与发展权，儿童的发展权主要体现为儿童的教育权，通过教育促进儿童和谐发展是保障儿童权利的有效途径。

20 世纪 90 年代以来，世界所面临的现代教育危机折射出人类文化隐含的深层危机：科技世界观无法以人性化方式解决人类面临的社会问题和全球问题，承载人类希冀的教育必须关注人类及地球上一切生灵的未来。21 世纪初，第二届整体教育国际会议签署的《教育2000：一种整体的观点》，正是为了应对这种挑战而昭示着人类新的教育理念："一种民主的、根植生命的教育"，"最重要的、也是最基本的目的是培育人与生俱来的发展可能性"。故作为教育机构的学校功能也应随之发生改变——"学校，应当是促进全体学习者学习及全面发展的场所。学习，应该能丰富和加深同自身，同家庭，同社区成员，同世界各地的人们，同我们的地球，以及同整个宇宙的关系"。① 可见，儿童早期教育越来越被视为人类社会可持续性发展及教育和谐发展的关键所在。

　　课程作为教育价值的载体，负载着人类的主流价值观念和知识形式，并通过一定的运作机制对儿童发展产生影响。因此，当 21 世纪人类社会进入一个自然、科学与社会协同发展的新时期时，其时代精神从工具理性转向实践理性并向解放理性发展，科学发展的综合化、一体化趋势需要谋求人与世界的整体和谐发展。这种时代精神和发展趋势必然要求课程基于整体有机论视野，注重课程内部统整，使各学科通过相互联系和渗透而趋于统一，形成一个和谐的有机整体。正是在此背景下，课程统整成为 21 世纪世界各国课程改革的发展趋势，整合课程作为一种课程形态，以分科课程的价值相关互补而不是对立面出现在我国课程研究领域。它较为关注各领域和知识类型之间的相互影响、相互渗透和相互联系，力图把组成学校课程的各门学科看成一个有机整体，而不是孤立的、知识领域的集合体。我国学前教育领域的课程整合理念始于 20 世纪 20 年代陈鹤琴先生的单元活动课程，尤其是 20 世纪 80 年代重新引入"课程"这个概念后，针对学科课程在教学方式上割裂了客观世界的内在联系，阻碍学习者从局部到整体把握课程内容等缺陷，以唐淑先生等为代表的研究者主动质疑和反思在幼儿园占主导地位的学科课程与幼儿发展质量的关系。

　　伴随《基础教育课程改革纲要（试行）》和《幼儿园教育指导纲要（试行）》的贯彻落实，以"五大领域"方式呈现的整合课程以各种变式凸现在幼儿园课程与教学实践活动中。同时，以李季湄先生等为代表的研究者将"多元智能方案"和"瑞吉欧项目活动方案"等引入中国之后，我国学前教育实践领域呈现出世界流行的各类幼儿园整合课程植入和实验学前教育实践的繁荣景象。纵观幼儿园课程整合观在中国学前教育领域 90 余年的发展历程，其以各种形式内隐于幼儿园课程实践活动中，特别是安吉游戏模式和利津游戏模式逐渐成为我国幼儿园教育变革与幼儿园整合课程实践的典型。但研究者对基础教育其他阶段整合课程的理论研究相对较多，有代表性的理论著作有有

---

① 钟启泉."整体教育"思潮的基本观点. 全球教育展望，2001（9）：11-18.

宝华编著的《综合课程论》及课程教材研究所编的《综合课程论》，而对学前教育阶段整合课程进行系统理论的研究相对薄弱，这与学前教育实践形成强烈反差。

在对已有的相关文献进行梳理时发现，对幼儿园整合课程及其实施现状进行系统的理论研究较少，代表性研究者有虞永平、杨晓萍、周兢、霍力岩和周淑惠等。其中，杨晓萍从生活统整与幼儿园主题活动设计角度进行了较为系统的研究，周淑惠在《幼儿教材教法整合性课程取向》中基于全人发展维度，从创生性教学取向的角度对幼儿园整合课程设计及教学进行了研究，围绕教与学的活动展开研究。但将幼儿学习方式与课程内容统整结合起来研究的学者较少，因此本书以此为切入点和创新点，希望在对幼儿园整合课程和学习方式进行理论探讨的基础上，结合重庆市多种整合课程实施的现状，深入探究幼儿学习方式转变与幼儿园课程内容统整之间的关系，建构多维交互作用模型，以期丰富幼儿园课程理论研究范畴；同时，通过对幼儿园整合课程案例进行分析，以推动学前教育课程改革实践的深入发展与促进幼儿园教师的教学研究与实施能力发展。

二、相关研究

整合课程是一种课程形态，其萌芽可追溯到 19 世纪赫尔巴特学派的学科课程整合。课程整合在百余年发展历程中，汲取了几代教育家的课程新观念和新主张，孕育出一种具有多层面、多方位整合的课程理念。它是对赫尔巴特学派的学科统整课程原理和儿童中心论的经验统整课程原理的扬弃，旨在展示客体世界的完整图景，拓展学习者整体的、全局的精神视野，打造和谐的世界观和价值观，培养具有现代人文精神和科学素养的完整个体，涵盖知识与技能、过程与方法、情感态度与价值观的整合，其最高理想是实现学习者与社会的整合。本书的"幼儿园整合课程"是指以儿童的生活和游戏为中心，将各种教育因素有机结合，使儿童在与周围环境的整体作用中获得系列有益性经验的结构性课程系统。它在哲学观上侧重儿童本位整合，以儿童的直接经验、儿童的需要和动机、儿童的兴趣和心理发展作为课程整合的核心，其目的是促进儿童的经验生长和人格发展。

　　幼儿园整合课程的研究，应从课程目标、课程内容和课程实施这三个维度去探讨。课程目标，即"why"的问题；课程内容，即"what"的问题；课程实施，即"how"的问题。课程内容不仅是为实现课程目标而要掌握的知识，而且是儿童感兴趣的、经过精心组织的、使儿童感到有用并能掌握的深层意义，主要解决"教什么"和"学什么"的问题。课程内容是实现课程价值的支柱和具体表现，而对课程内容的不同理解会直接影响到对课程设计和实施的效果。因此，在幼儿园课程目标的价值取向厘清之后，理论和实践都迫切需要我们将研究重心转移到课程内容与课程实施的关系中。同时，幼儿园课程实施中一直存在课程内容与教的方式、学的方式之矛盾，教的方式和学的方式之矛盾等诸多冲突。其中，课程内容与学的方式之矛盾是主要冲突。这是因为决定一种课程形态的关键和课程存在的价值是看哪种学习方式占主导地位，学习方式的变化成为课程类型赖以存在的关键依据。"学习方式"是相对于学习方法的上位概念，是儿童在完成学习任务中基本的、习惯化的、稳定的行为和认知取向，不是指具体的学习策略和方法，是儿童在自主性、探究性和合作性方面的基本特征。虽然课程之间的差异源于影响课程因素的多样化，但作为学习主体的儿童如何建构与各种课程相适宜的学习方式，却是课程诸多差异中最根本的因素；从这种意义上讲，教育活动的一切理想和实践都是为了学生的"学"而存在。与此相应的是学习方式转变需要以一定的课程为载体，课程内容必须适应学习方式的转变。当学习方式不是以接受式学习为主，而是以自主探究的学习方式为主时，课程内容不能以定论形式和详细罗列知识的方式呈现，而应以一种开放的多元化形态呈现，这是学习方式得以展开的土壤和源泉。因此，学习方式的转变影响着课程内容的面貌，进而影响教学活动的设计实施与效果，所以只有将学习方式的研究放在相关课程内容的背景下考量，才具有完整意义；而课程内容的呈现又为学习方式的转变提供了保障。两者的相互变化诱发了教学其他方面的变化，在幼儿园整合课程价值的实现过程中具有决定性力量。

　　19世纪末20世纪初，赫尔巴特（Herbart）学派的继承人齐勒尔

（Ziller）提出"中心统合法"，立足于儿童发展与文化发展阶段相适应的前提下，针对儿童的不同发展阶段来选择、排列对应与其相应的文化史阶段的教材，各阶段的教材以意念教材（即宗教性教材、道德性教材）作为统整思想圈所有学科的中心点，并担负着对于个体整体性格陶冶的意义与功能。这是对赫尔巴特相关统整原理的完善，其教育意义在于：各门学科不是简单并列，而是围绕意念加以组织，旨在实现一个共同目标，即形成学生的完整人格及生命活力。但它过分强调一切学科服从和服务于道德目的，必然会抹杀各门学科存在的特殊价值。同时，以意念教材为中心加以统整，以文化史阶段为基准进行选择排列，诱发了强制推行的、僵化的教师主控课程局面。

1934 年，由进步主义教育协会发起的著名的"八年研究"（1934—1942 年）运用整合的核心课程模式进行教学实验，"核心课程"是经验统整与教材相关统整原理的折中产物。其课程内容分为市民社会的、共同学习的基础学科和适应每个人的能力、兴趣自由变化的学科。这种以共同必修的学习经验为核心的课程存在赫尔巴特中心统合法的历史印记。而且，核心课程与经验课程理论相结合，在培养民主社会公民的终极教育目的引领下，学生根据自身的兴趣、需求来学习，并沿着经验统整的方向发展。其中，以杜威的儿童中心课程论为代表，经验课程从三个维度进行了统整：注重新知识与儿童已有经验的统整；学科内容与儿童兴趣的统整；儿童校内生活与校外生活的统整。统整的内在维度是教学内容与儿童兴趣的统整，教师要努力发掘儿童的兴趣与学科内容间尽可能多而又适宜的契合点；突出地表现为师生根据共同计划决定课题，或采用儿童直接感兴趣的课题，以现代的生活问题为中心；但真正的整合应是分化中的整合，不能为了目的统整与经验统整而牺牲了知识的客观系统与秩序，这是一次不成功的尝试。

20 世纪 50 年代以后，在"回到基础"的口号下，建立在经验主义基础上的综合课程被学科课程代替，进步主义教育思想衰微，以布鲁纳的结构主义课程理论为代表，其结构主义课程观归纳为三方面：主张学习各学科间的基本结构，包括基本概念、原理、规则和联系，主张儿童积极参与知识的建构过程；提倡"发现学习"，提倡儿童像数学家、历史学家一样去主动探索、思考；强调激发儿童学习的内在动机，让儿童对材料产生积极主动的兴趣。其统整的内在维度是加强不同学科间知识内容的统整，主要是基于各学科间教学内容的统整，强调对教学目标与儿童内在动机的统整。

进入 20 世纪 70 年代，随着人本主义教育思潮的兴起，课程整合重新受到关注，出现了人本主义的整合课程。它在抨击学问中心课程的同时，以第三思潮的心理学为武器，力主学校课程的"人本化"，强调实施知识课程、情意课程和体验课程。体验课程是借助知识课程与情意课程，即通过认知与情意的统一实现整体人格的课程。因为学校的课程价值不能仅限于追求卓越的智力，还应重视情绪、态度和思想等的培养，追求学术与非学术的全域发展。但是，它在倡导尊重人的价值的同时，助长了反理智主义和儿童的学业放纵，导致儿童学力低下和道德训练欠缺，因而遭到严厉批判。

到 20 世纪 80 年代，加德纳的多元智能理论体现了对个体多项智力与能力整合的关注。依据多元智能理论，每个人身上都拥有至少八项智能。这八项智能以不同组合方式存在于每个人身上，使每个人拥有不同的智能组合，即每个人有不同的优势智能领域和弱势智能领域。这些智能彼此独立又相互联系，并通过恰当的教育方式在强弱项智能之间"搭桥"，从而实现个体多元智能的和谐发展。多元智能理论是以儿童个体多元智能发展为内在统整维度，注重儿童个体不同智能项之间、强势领域与弱势领域之间的统整。其优势在于通过多元智能的统整，儿童能以各自不同的方式，将不同的学科内容、自己已有的经验和新的经验、校内外的生活以自己最能接受的方式联系起来，并实施有效的统整。

20 世纪末期，为回应人类社会发展的深刻变革，课程整合再一次走进研究视野，戴维斯和萨默拉从系统论角度提出"自我组织观"，将其运用到教学与课程方面，认为教育系统本身是一个复杂系统，教育者与教育者之间、被教育者与被教育者之间、教育者与被教育者之间，以及教育者、被教育者与环境之间都存在着错综复杂的关系，这些因素处在一个不断调整以达到相互适应的动态平衡之中。并且，他们以儿童间、教师与儿童间、教师间知识与能力的统整为内在统整维度，进行了四个维度的统整：教师之间的知识与能力统整；儿童个体之间的知识与能力的统整；教师和儿童之间的知识与能力统整；教师和儿童的知识、能力与环境中教育资源之间的统整。其优势在于教育系统不断实现更高层次上的动态平衡，注重学校内外资源的有效统整。

从西方课程统整的发展及研究历程可知，整合课程统整践履着一个透过历史图景而日益凸显的鲜明理念：唯有通过基于教材本身性质的课程整合（赫尔巴特学派的相关统整）和基于儿童的关注与需求的课程的心理整合（经验统整）的扬弃与统一，即学科中心和儿童中心的整合，通过教育系统自组织的动态整合，才能真正实现课程整合。

我国的整合教育思想萌芽自孔子，他主张用《诗》进行多方面的教育教学活动，从而促进人的整体发展。汉代《四书》《五经》及1904 年《奏定学堂章程》中规定的格致、博物等都属于整合课程范畴。20 世纪初亦有学者开展过整合课程实验研究，儿童教育家陈鹤琴提出了"整个教育法"，又称单元教学法，即以单元形式编排五类儿童教育活动——儿童健康、儿童社会、儿童科学、儿童艺术和儿童语文。每类教育活动单元由若干活动中心（主题）组成，各种教育活动围绕单元中的活动中心构成了一个完整的教育体系。新中国成立后，我国引进苏联的分科教学模式，在教育实践中出现了分科课程独占讲坛的局面。

我国幼儿园课程的第二次改革始于 20 世纪 50 年代，当时幼儿园开展了对陈鹤琴的单元教学法进行批判的活动，幼儿园统一使用苏联的学科教学模式，这对我国幼儿园教育实践产生了重要影响。80 年代以后，基于第三次世界课程改革的背景下，幼儿园课程领域重新对"课程"概念进行界定，以赵寄石为代表的学前教育学者首先对学科课程进行了统整研究。在我国整合课程研究中，以 2001 年的《基础教育课程改革纲要（试行）》《幼儿园教育指导纲要（试行）》为契机，出现了对基础教育整合课程与幼儿园整合课程的研究热点。

20 世纪 80 年代以后，西方整合课程研究译介的输入在基础教育领域再次掀起了整合课程研究的热潮。浙江、广东、上海、北京、吉林等地的部分学校（如上海师范大学十年制实验学校、东北师范大学附属中学等）开展了轰轰烈烈的整合课程实验，并取得了一定成效。如上海市市西中学于 1992 年 12 月至 1994 年 6 月在初中开设了"综合科学活动课"，内容以生物学科为主体，但不受生物教科书内容限制，将教学内容分为生物技艺、生物实验和专题研究三类，通过教学做合一的方法，在活动中培养学生的科学意识、创造意识和实用意识，促进学生的能力提高和个性发展，并将相应能力迁移到其他学科，使学生掌握终身学习必备的基本学习策略。

对于自 20 世纪 80 年代以来兴起的世界课程设计主流运动，研究者从不同角度（如价值观念、教学特点、范式解析等）加以审视和剖析。其中，在基础教育课程改革领域关于整合课程研究的学术论文中，具有代表性的人物有黄甫全、申仁洪和陈彩燕等，他们从整合课程的理论研究入手，对基础教育阶段的专业课程整合、课程与信息技术的整合进行了深入研究。黄甫全于 1996 年在《整合课程与课程整合论》中对整合课程的概念进行了解析，明确指出整合课程是一种课程形态，课程整合是一种方式，剖析其内在的理念和存在的形态。2002 年，黄甫全在《试论信息技术与课程整合的基本策略》中，提出信息技术与课程整合实质上是一种基于信息技术的课程研制理论和实践，它针对教育领域中信息技术与学科课程存在的割裂和对立问题，通过信息技术与课程的互动性双向整合，促进师生民主合作的课程与教学组织方式的实现和以人的学习为本的新型课程与教学活动样式的发展，建构起整合型的信息化课程新形态，进而使信息文化与儿童学习生活整合而成为有机的连续体和统一体。在课程研制视野里，信息技术与课程整合的某本策略有优化课程的空间结构、时间结构和创新课程材料包。2002 年，黄甫全和申仁洪在《小学教育专业模块式整合课程的建构》中对"模块整合式"课程进行界定，指向课程设置模块化、资源整合化、学习者成为行动研究者以及内容动态化；并认为"模块整合式"课程由具有弹性和可整合的公共课程模块、小学教育理论课程模块、小学教师职业技能课程模块、小学教育实践环节课程模块以及专业方向课程模块组成，表达着课程是学习者学习发展过程的理念。陈彩燕于 2004 年在《论整合课程与分科课程的并存关系》中再次重申整合课程既是一种课程设计理论（理念），也是一种课程形态，产生于分科课程的"语境"中。而整合课程与分科课程的并存是基于课程本身和解决人与文化之间的关系问题，其并存关系表现为理论（理念）与实践的辩证统一、时空统一性。首都师范大学李玉珠的硕士学位论文《学科课程整合的实践探索、问题及思考》，从对学科课程整合的含义包括学科内课程整合与学科间课程整合的分析出发，认为对学科课程整合的理论研究与实践探索是有效实施课程整合的准备过程，学科课程整合是课程整合的准备阶段与必备阶段，是课程整合的最基本模式，并推断它是最容易实施和取得成功的课程整合模式。为了深入了解学科课程整合模式，笔者通过对中小学教师撰写的案例、教案、论文的研究以及对中小学教师的访谈进行研究，发现实践中的学科课程内部整合主要以教材为中心，将其分为单元内整合、学期内整合、学年内整合和教科书内容拓展四种模式；学科课程间的整合以整合过程中学科间的关系为基点，分为学科并列整合模式和学科间辅助合作整合模式，伴随着校本课程研发的不断深入，一些学校将学科课程整合融于校本课程开发中，出现了校本课程开发中的学科课程整合模式。伴随着校本课程研发的不断深入，一些学校将学科课程整合融于校本课程开发中，出现了校本课程开发中的学科课程整合模式，这为幼儿园整合课程模式的研究奠定了良好的基础。

在对整合课程进行理论研究的过程中，有三本具有代表性的研究著述。第一本是周润智主编的《分化与整合——走向和谐的课堂教学管理》，该书基于管理学视角，从课堂教学中存在的多元矛盾入手，通过对教学环境、师生关系、活动课程、教学方法及模式、问题儿童和超常儿童教育、现代教育技术和教学伦理方面的整合，提出了和谐的课堂管理模式。第二本是 James A. Beane 著、单文经等译的《课程统整》，该书从探讨课程统整的四个理论维度（经验统整、社会统整、知识统整和课程设计）入手，重点阐释了课程统整主题的来源；在对概念厘定的基础上，在探讨统整课程的历史发展进程中对课程统整与知识学科的关系以及具体的统整策略进行了研究，展望了课程统整的前景，强调课程统整的重要价值在于民主实践，关注更多知识的获取、日常生活知识及社会议题。第三本是安桂清著的《整体课程论》，作者站在追寻课程与教学的本真意义角度，从联结、转变和灵性维度对整体课程的本质进行了阐释，将灵性视为整体课程的本质，并基于历史的进程对整体课程的哲学基础、心理学基础和社会学基础进行了深入研究——尤为强调灵商理论、深生态学和女性主义思想对整体课程的影响；提出整体课程的具体主张，即尊重整体的儿童、谋求课程的统整、建构整体的教学、张扬艺术的价值、践行整体的语言和塑造整体的教师；并对整体课程研究进行评价，寻求儒家整体观、道家整体观及佛家整体观与课程的意义，这为我国整合课程研究和教学实践提供了有效的理论指导。

进入 21 世纪，我国学前教育领域对整合课程的研究逐渐形成气候，尤其是 2005 年 6 月在华东师范大学召开了首届"全国幼儿园整合课程学术研讨会"，集中研讨了《幼儿园教育指导纲要（试行）》颁布以来我国幼儿园课程改革和整合课程研究的理论和实践问题。朱家雄在《幼儿园课程改革与教师的专业成长》中强调了"纪录"的价值。虞永平在《幼儿园整合课程与课程建设》中梳理了与幼儿园整合课程相关的基本概念，回顾了百年来幼儿园课程的发展历程，归纳出课程的特点——课程是对话的、和谐的和行动的，介绍了课程整合的途径及不同类型课程整合的可能，强调生活和游戏在整合课程中的价值，认为生活和游戏是课程整合的重要途径。廖凤瑞在《幼儿园整合课程和成长档案式评价》提出档案评量实施策略。周兢在《幼儿园整合课程的生成发展——教师与幼儿如何共同学习、探索和成长的研究》中指出，幼儿园整合课程实施的关键问题是课程的生成发展，认为整合课程生成发展的内在要求包括：教师和儿童在课程实施过程中形成良好的互动发展共同体，教师成为探索型教师，儿童学做探究型的学习者；幼儿园整合课程的生成发展表现为生成课程活动、生成课程线索和生成课程主题。李子建等在《中国大陆幼儿园统整课程的理念与设计——以重庆市幼儿园为例》中以重庆市幼儿园作为脉络，探讨了幼儿园统整课程的含义、理论基础与设计，提出幼儿园统整课程目标是增进幼儿真正了解自己及其世界，积极主动地参与实践，并把所学知识用以解决实际问题；在课程内容上，强调与幼儿的真实生活与社会经验相结合，根据幼儿的年龄特点与身心发展水平设计课程，并注重课程之间的统整性、综合性；在课程的组织上，强调教师的引导作用，幼儿是主动积极的学习者，教师与幼儿之间是平等的合作关系；课程评价方式上强调多元化、弹性化，采用多种评价方式，培养幼儿的自主性、独立性和创造性，以促进幼儿全面发展。沙莉和霍力岩在《统整课程述评》中对统整课程的基本内容与模式等问题进行了系列阐释，提出了统整课程应包含六个内在维度，对统整课程在我国幼儿教育实践的影响进行了思考：注重统整课程和分科教学的合理整合，以主题为中心——充分运用网络统整模式，将统整方法分为科际整合的主题网络和概念整合的主题网络。周淑惠的《幼儿教材教法整合性课程取向》从整合课程的界定出发，结合幼儿发展的智能领域、心灵领域、体能领域等进行幼儿整合性课程设计，重在课程设计及实施。

综上所述，已有研究主要从宏观和中观层面探讨了幼儿园整合课程的概念、特征及其设计方式，并对幼儿园整合课程和课程整合的内涵形成较为一致的看法，强调课程设计的理念及其对实践的有效性；同时，侧重于整合课程与教学的关系探讨，研究焦点在于价值取向、模式开发、方案设计。这为本书提供了研究的理论基石。而在微观层面上，对幼儿园整合课程内容与学习方式相互作用范畴的研究相对薄弱，这为本书的创新提供了突破口。

三、本书的基本结构

本书以幼儿的整体发展作为幼儿园整合课程发展的核心价值，以整体课程观和交互作用原理作为幼儿园整合课程内容统整与学习方式研究的理论基础，认为科学发展观下的幼儿园整合课程应立足儿童整体发展的教育理念，课程目标设计应融入个体生命的整体性和动态生成性，课程内容更加关注个体生命的感受性和体验性，课程实施立足个体生命的自主性与创造性，课程评价强调个体生命的多样性和发展性。据此，整合课程价值理念的实现必须依赖课程统整来达成，而课程内容统整是幼儿园教育统整的主要表现，是幼儿园整合课程统整的具体表现。

本书主体由四部分构成。

第一部分，幼儿园整合课程及其价值辨析。基于课程价值是教育价值的具体表现，围绕幼儿园整合课程的核心价值——幼儿发展这一主线，在理论层面上对幼儿园整合课程的内涵和特征进行阐释，深入比较和分析幼儿园整合课程与学科课程的价值差异，揭示了科学发展观下的幼儿园整合课程特性。同时，在实践层面上，通过对幼儿园整合课程实施现状进行研究发现：教师对幼儿园整合课程缺乏深入认识；课程资源不足；课程内容存在简单化或成人化倾向，不能满足幼儿需要；教师对课程的实施过分依赖"教材"；课程评价改革滞后。据此，笔者提出相关建议。

第二部分，幼儿园整合课程的内容统整。在对幼儿园课程统整概念进行分析的基础上揭示了幼儿园课程统整的基本特点；从知识基础、学生发展和社会需要三方面阐释了幼儿园整合课程内容统整的理论基础，对幼儿园整合课程内容统整的依据、原则、方式进行分析；围绕幼儿园整合课程内容统整的核心价值——统整幼儿的知识、能力与情感，促进其知情意协调发展，揭示了幼儿园整合课程内容统整的基本特点：主体性与发展性的统一、情意性与经验化的统一、情境性与生活化的统一、整体性与人文性的统一、活动性与生成性的统一、家园性与时代性的统一等。

第三部分，幼儿园整合课程中的学习方式研究。在对幼儿学习方式与课程、教学的关系进行辨析的基础上，从教育学、社会学、心理学和课程观角度分析了学习方式变革的理论基础；并从自主性、交互性、情境性、探究性维度对整合课程与学科课程下的学习方式进行比较，揭示了幼儿园整合课程内容统整下的幼儿学习方式具有偶发性与自主性统一、合作性与情境性统一、探究性与游戏性统一等特点。

第四部分，幼儿园整合课程内容统整与幼儿学习方式的交互作用。以交互理论作为幼儿园整合课程与学习方式交互作用的原理，以幼儿个性发展为核心，以幼儿主动建构为前提，以各种环境因素为中介，尝试建构幼儿园整合课程内容统整与幼儿学习方式的交互作用模型；从幼儿的个别化、社会化交互以及交互中的交互三个层次，对幼儿园主题统整课程设计与实施过程中多维交互原理进行分析，并以"和米罗一起游戏"一课为例，对新媒体背景下幼儿园整合课程价值实现过程进行案例剖析。

第二章　幼儿园整合课程及其价值辨析

第一节　幼儿园整合课程概述

一、整合课程的界定

（一）课程的含义

1. 课程的辞源追溯

"课程"一词在中国最早出现于唐朝孔颖达的《五经正义》一书，其为《诗经·小雅·小弁》之"奕奕寝庙，君子作之"句注疏："维护课程，须君子监之，乃依法制。"这是"课程"在汉语文献中的最早显露。孔颖达用"课程"一词指"寝庙"及其喻义"伟业"，其含义十分宽泛，远远超过了学校教育范围。宋朝朱熹在《朱子全书·论学》中多次提到"课程"，如"宽着期限，紧着课程"，"小立课程，大作功夫"等。①朱熹的"课程"主要指功课及其进程，实际上指学程，是对教学内容的规范，这与我们对课程的理解相似。

1859 年，英国著名教育家斯宾塞（Spencer）在《什么知识最有价值》中提出"curriculum"（课程）一词，意指"教学内容的系统组织"。该词源于拉丁语"currere"，意为"跑"；"curriculum"则是名词，原意为"跑道"（race-course）。据此，西方最常见的课程定义是"学习的进程"（course of study），简称"学程"。由于斯宾塞的

---

① 乔晓冬. 文化与课程建设的价值取向. 北京师范大学学报（社会科学版），1989（2）：1-9.

"curriculum"原意是静态的跑道，所以教育中十分强调课程作为静态的、外在于学习者的"组织起来的教育内容"层面，忽略了学习者与教育者动态的经验和体验层面。在当代的课程理论文献中，许多课程学者依据"curriculum"的词源"currere"，将课程含义表征为学生与教师在教育过程中的活生生的经验和体验，侧重个体对自己经验的认识。

2. 课程的界定

不同学者依据不同的哲学观、社会学观、知识观、学习观阐明各自的课程含义，且每一种课程含义都内隐着某种哲学假设、价值取向、意识形态以及教育的某种信念，表明其课程关注的重点。施良方在《课程理论》中概括了6种不同层面和背景下的课程定义：①课程是教学科目，是指课程表上某一门学科或所有学科的总体；②课程即有计划的教学活动；③课程是通过知识和经验的系统重建而成的有计划、有指导的学习经验及预期的学习结果；④课程是学生在教师指导下所进行的全部学习活动和经验；⑤课程即文化的再生产；⑥课程是社会改造的过程。[①]

从课程处理方法的角度对课程定义进行梳理，可从三个维度来界定：①将课程作为学科。这种课程定义是基于学科知识的逻辑性处理方法。如《中国大百科全书·教育》指出，广义的课程是指所有学科（教学科目）的总和，或指学生在教师指导下各种活动的总和；狭义的课程是指一门学科或一类活动。[②]这种课程定义的最大缺陷是把课程视为学习者外在的静态的东西，对学习者的经验和心理逻辑重视不够。②将课程作为目标或计划。这种课程定义采用行为性处理方法，是一种线性课程观，以塔巴（Taba）等为代表，把课程视为教学过程要达到的目标、教学的预期结果或教学的预期计划，其缺陷在于忽略了学习者的现实经验。③将课程作为学习者的经验或体验。这种课程定义采用人本主义的处理方法，是一种非技术性课程观，以卡斯威尔（Caswell）和坎贝尔（Campbell）等为代表。它把课程视

---

① 施良方. 课程理论. 北京：教育科学出版社，1996：3-7.

② 中国大百科全书总编辑委员会《教育》编辑委员会. 中国大百科全书·教育. 北京：中国大百科全书出版社，1985：207.

为学生在教师指导下所获得的经验或体验，以及学生直接获得的经验或体验，其缺陷在于忽视知识的学科逻辑体系在儿童发展中的意义。综上所述，这些课程的内涵差异反映了研究者在教育哲学观上"手段-目的"和"社会性-个人性"的不同价值取向，教育的内在功能经历了面向人的未来生活—人的现实生活—人的现实生活和可能生活间沟通的道路，实质是转向完整的人及其完整的生活。这折射出课程实践的发展是沿着向人回归的道路展开，在儿童的现实生活与可能生活之间建立起一个桥梁，并通过课程实施引导儿童建立起有效的生活方式。教育哲学观是课程观的核心问题，决定了教育内容体系与学习者的关系问题，以及教育内在功能属性与学习者发展需要之间的满足和被满足的关系。

　　本书对"课程"的定义倾向于在多元主义和后现代教育价值观下，立足于整合知识的存在意义、自然的存在意义、社会的存在意义和个人的存在意义高度，侧重发展幼儿的精神价值和满足教育的内在价值维度，将"课程"界定为"学习者在教育者有意识指导下与教育情境相互作用而获得有益经验和身心健全发展的全部教育性活动"[1]。我们采用此定义源于"课程"作为"学习经验之履历"的动态课程观，吸收了杜威、施瓦布（Schwab）和舍恩（Schon）等的课程思想，主张课程的目的即解放，将课程定位于教师构想的课程、作为儿童学习经验之总体的课程和作为师生创造性经验之手段与产物的新型课程观，指出只有把儿童作为一个活生生的、整体的、生活着的人来看待，才使课程真正具有生命的活力。它将教师和学生从学校课程的制度性桎梏——"教"与"学"的非对称性关系中解放出来，将课程作为师生发现并交流教材的价值和意义的活动的产物，由此所创生的教育经验的组织，将课程视为一种开放的、相互作用的、共同的对话，师生共同成为文化领域的探究者。这种定义更符合幼儿园课程特点，反映了趋向实践理性与解放理性的课程价值观，其最终目的在于解放人的主体性。

---

[1]　石筠弢. 学前教育课程论. 北京：北京师范大学出版社，2004：30.

（二）整合课程的含义

1. 整合课程的辞源追溯

21 世纪，人类社会进入了一个自然、科学与社会协同发展的新时期，其时代精神是走出"工具理性"的框束，科学发展的综合化、一体化趋势要求人与世界整体和谐发展。这种时代精神和发展趋势必然要求课程基于整体有机论视野，注重课程内部统整，即使各门学科通过相互联系和渗透而趋于统一，形成一个有机整体。因此，整合课程（又译"综合课程"）成为 20 世纪 80 年代以来世界各国课程改革的热点，关注的主要问题是各领域和知识类型之间相互影响、相互渗透和相互联系，力图把组成学校课程的各门学科看成一个有机整体，而不是孤立的、知识领域的集合体。

整合课程的英语表达是"integrated curriculum"。对于"integrated"，《英汉辞海》将其解释为"完整的""一体化的""统合的""综合的"等①。"integration"的主要内涵为"整合"，最早将"整合"作为专门术语使用的是英国哲学家斯宾塞，他在 1862 年出版的《第一原理》中阐述进化哲学时首次运用"整合"（integration）这一术语。之后，"整合"概念被广泛运用于不同学科中。在哲学意义上，"整合"是指"由系统的整体性及其系统核心的统摄、凝聚作用而导致的使若干相关部分或因素合成为一个新的统一整体的建构、序化的过程"②。它揭示了事物本体内在的机制，其理念是从事物本体出发，着眼于本体及其各因素、部分，落脚于事物本体存在和发展变化。

在汉语中，"整合"与"综合"的概念非常接近。"综合"是哲学和心理学中的一个术语，专门用于描述思维的智力操作机制，意指"在思想上将对象的各个部分联合为整体，将它的各种属性、方面、联系等结合起来"③，揭示的是人的思维对外界外部机制的把握，其理念是从人的思维出发，着眼于思维以外的事物的因素、部分，最终落脚于外在事物的内部联系。"综合"的一般含义为"不同种类、不

① 王同亿. 英汉辞海. 北京：国际工业出版社，1990：2704.

② 黄宏伟. 整合概念及其哲学意蕴. 学术月刊，1995（9）：12-17.

③ 中国大百科全书总编辑委员会《心理学》编辑委员会. 中国大百科全书·心理学. 北京：中国大百科全书出版社，1991：366.

同性质的事物组合在一起"①，意指复杂事物的多种类、多样性组合、拼合，不具有融合、集成、成为整体、一体化等理念②。

我国早在 20 世纪 20 年代就曾经开设过类似于整合课程的"综合课程"。1922 年，学制中的初级中学课程把性质相同或者相近的几门学科进行合科设计的思想有整合课程意蕴。陈鹤琴的"五指课程"和张雪门的"行为课程"就是幼儿园课程整合的生动写照。新中国建立后，为了解决分科过细的问题，我国多次进行"综合课"的尝试。例如，1955 年把小学的阅读、作文和写字合并为语文综合课，而实际教学和课时分配仍按阅读、作文和写字安排；1958 年，将以前的世界历史、中国历史和世界近代现代史合并为历史综合课，将自然地理、世界地理、中国地理和中国经济地理合并为地理综合课，将植物、动物和人体解剖生理学合并为生物综合课等。这种综合课程是指将性质相近的科目合并组合成的课程。《中国大百科全书·教育》指出，综合课程是"把若干有关学科合并起来编订的课程"③。

总之，汉语"综合"一词的"组合"内涵不能传达英语"integration"一词的"使整体化"的含义；"综合课程"这一术语不能准确反映我国基础教育课程改革实践的"把学生在校内的学习同校外生活及其需要和兴趣紧密结合的整体化课程"理念。因此，研究者在解决这一问题中采用了"integration curriculum"——整合课程，其核心理念是使课程中分化了的东西有机联系起来实现一体化。课程整合（curriculum integration）通常是指"使学习计划中分化出来的各个部分比较紧密地联系起来的专门努力"④，实质上是"把学生在校内的学习同校外生活及其需要和兴趣紧密结合的整体化课程"⑤，是使分化了的学校教学系统的各要素及其各成分形成有机联系、成为整体的过程。黄甫全认为，"整合"既涉及学校教学系统的学生、内容等要素，又涉及认知、情感、技能、需要、兴趣、意志以及知识的各个

---

①　中国社会科学院语言研究所词典编辑室. 现代汉语词典. 上海：商务印书馆，1980：1525.

②　黄甫全. 整合课程与课程整合论. 课程·教材·教法，1996（10）：6-11.

③　中国大百科全书总编辑委员会《教育》编辑委员会. 中国大百科全书·教育. 北京：中国大百科全书出版社，1985：357.

④　转引自黄甫全. 国外课程整合的发展走势及其启示. 比较教育研究，1997（3）：39-42.

⑤　教育大辞典编纂委员会.教育大辞典（第1卷）.上海：上海教育出版社，1990：274-275.

系列等要素的成分。同时，整合的主观努力的作用、整合的客观结构的功能均只有在整合过程中才能实现。而且，整合是以学校教学系统要素及其成分的分化为前提，课程整合内在地包含着课程分化。

就教育本身而言，其蕴涵着对人的生存状态和生活方式进行人文关怀，本书正是基于主体间性教育观下的课程经验本质观和整体主义价值取向，理想人格为追求作为主体的人的自然性、社会性与自主性的健全发展，激发和发展人的本质力量，促进人与自然、人与社会、人与其自身的关系进入健康、和谐发展的本真境界，最终达到真善美统一的自由社会目标。因此，本书采用有宝华对整合课程的定义："将具有内在逻辑或价值关联的原有分科课程内容以及其他形式的课程内容统整在一起的，旨在消除各类知识之间的界限，使学生形成关于世界的整体性的认识和全息的观念，并养成深刻理解和灵活运用知识综合解决现实问题能力的一种课程模式。"①由此可知，整合课程主要表现为内容的联系与统整，以各种整合形式来挖掘和利用不同知识之间，知识、技能与能力之间的有机联系，从而使其形成有机整体，并通过内容的整合来促进其核心的整合——儿童发展的整合。

2. 整合课程的实质

整合课程是新型的课程形态，其实质是采用各种有机整合形式，使学校教学系统中分化了的各要素及其各成分之间形成有机联系的课程形态。首先，整合课程是经过课程整合形成的课程状态，包含了对学科课程的解构与重组，是对学科课程的超越。学科课程是以学科形式来组织教育内容的一种课程形态，以人类对知识经验的分类为基础，从不同的分支科学中选取一定内容来构成学校里对应的学科，使教育内容规范化、系统化，其本身就是一种整合课程。但这种整合仅仅是学科内部的系统化，使知识、技能和能力之间相互割裂。而整合课程则以各种整合形式来挖掘和利用不同知识之间，知识、技能和能力之间的有机联系，从而使它们形成有机整体。其次，整合课程超越了儿童中心课程，寻求对共同文化价值的合理表达是整合课程的主旨。儿童中心课程倾向于一切从儿童出发的课程本体价值，整合课程

---

① 有宝华. 综合课程论. 上海：上海教育出版社，2002：222.

强调课程的社会价值与本体价值的整合，以同质的文化价值观念为核心，以此作为整合课程内容的核心，实现儿童与文化的整合，学科、文化中知识、技能和能力相互整合，促进儿童认知发展与情意发展的整合。

3. 整合课程的内在理念

整合课程在一百五十多年的发展历程中汲取了几代教育家的课程新观念和新主张，孕育出一种具有多层面、多方位整合的课程理念。在这种新的课程理念中，价值整合是核心，主要通过教育客体、主体、主客体关系三个角度来体现。具体而言，从教育客体的角度来看，在微观层面体现为课程内部知识内容之间的整合[①]，表现为相邻知识系列的整合和性质相近学科的整合，这是基于相邻知识系列有机联系起来的、比较容易实现的整合。中观层面是课程与文化的整合，着力构建课程的开放与选择相统一的机制，从而保证新知识能及时进入课程与已有知识形成有机整体，实现教育内容变化与文化发展之间的整合。宏观层面是课程与社会的整合，为了帮助人类正确理解人、社会、科学和技术之间的价值与非价值、正功能与负功能、意义的确定性与不确定性共存的复杂关系的科学（science）-技术（techrdogy）-社会（society）课程，即 STS 课程"，是对人文、自然和社会学科的整合。从教育主体角度看，涵盖教育系统中人力资源的整合。从教育主客体关系角度看，它是儿童与文化的整合。现代工业化发展引发文化对人的异化，这反映在学校教育中，表现为教育内容对儿童需要的漠视、疏离和束缚，并因教育内容的割裂带来儿童发展的片面化，形成了学校教育内容与儿童自由和谐发展的对立局面。

整合课程的内在理念发展具有极强的动态性、时代性特征。整合课程在萌动之初，其内在理念仅仅是使被学科课程割裂了的知识有机地联系起来成为整体，而其追求的最高理想是以共同的文化价值对原有课程进行根本性改造，以实现儿童与文化全面充分整合的价值。

---

① 钟柏昌，付小连，李艺. 课程整合的多向度解析. 教育探索，2005（1）：17-18.

二、幼儿园整合课程的内涵和特征

（一）幼儿园课程的含义

在学前教育领域，我国重提"幼儿园课程"是在 1982 年，来自南京师范学院的赵寄石和唐淑等所撰写的题为《挖掘幼儿智力潜力促进幼儿智力发展——幼儿园课程研究三年小结》的文章。当时的"课程"含义是"每门科目本身的教材结构，教学规律和各门科目之间的相互联系"①。这是一种倾向于学科组织的幼儿园课程定义，主张加强学科间的联系性。随着幼儿园课程改革实践的深入和发展，人们侧重幼儿本身发展价值观，较为认同经验倾向的课程界定。

幼儿作为独立的、具有主体性的个体，在幼儿园教育环境中与教师、保育员和其他儿童，以及幼儿园中的物质设备、活动氛围等发生交互作用。这些交互作用无论以何种方式影响幼儿，都必须以促进幼儿身心和谐发展为目的。因此，幼儿园课程不仅关注社会文化和知识性质，更注重儿童发展，尤其是在知识经济时代，知识呈瞬息万变的动态发展，儿童对于知识的掌握过程亦是个体主动建构生活和意义的过程。课程实施主要是帮助儿童主动地建构其知识体系，促进和帮助儿童主动探究和体验周围世界。幼儿教师不仅要教给幼儿知识，更重要的是让幼儿逐渐掌握独立活动、游戏和获取知识的技能和策略，以保证其为适应不断变化的世界做好准备；而这项任务不是任何一门学科课程能独立承担的。因此，幼儿园课程的含义就是为适应时代要求而不断向前发展。

1. 幼儿园课程的文化学意义

21 世纪的中国，课程研究领域开始超越以泰勒原理为代表的具有理性主义性格的课程开发范式，走向课程理解范式——把课程作为一种多元"文本"来理解的研究范式。我们对各种形态的课程概念重构持一种辩证的课程观，意识到课程是按照自己的价值观念和利益取向选择不同的知识，或者是按照某种意识形态对各种知识进行加工、改

---

① 唐淑. 幼儿园课程基本理论和整体改革. 南京：南京师范大学出版社，1998：131.

造、传递和评价，这种建构本身是一个由社会不同层面和阶层共同参与的、充满矛盾冲突的活动和过程，每个人以及每个不同的利益群体和社会阶层都基于各自的立场和角度进行着这种社会建构。因此，课程也就成为一个利益群体的斗争领域和谈判场域，这使课程与知识之社会建构中的矛盾、冲突表现得更加激烈和尖锐。可见，任何课程都是不同利益相关者彼此之间暂时妥协、让步和"角斗"的结果，这个过程实际上是一个充满矛盾和辩证的过程和活动。故任何一种课程，包括其内容和形式，都折射出一定的文化观念和价值取向，而不同的文化思潮也总是希望作为国家和社会共有价值和思想的课程形态，能够反映自身文化的内在要求和特点。

在对幼儿园课程含义的理解中，作为文化形态的幼儿园课程，其核心价值是发展儿童健全的体魄和人格，为其今后的人生奠定基础。正如艾弗·古德森（Goodson）所言："现在是把历史研究作为课程事业的中心任务的时候了。"①从人类发展历程上看，文化的潜在机制和功能是对人类新生个体的塑造。"人类必须从自己深厚的文化积淀中挑选出最优秀的部分，同时也是与个体早期接受能力相一致的部分构成一个文本（在不同的群体、民族中，甚至在不同的成人和儿童中具有可理喻性的一套开放的文化体系），这个文本是人类以其中青年，也许是壮年的智慧来充实个体儿童的心智，这便是课程。"②幼儿园课程作为一种特殊的文化，侧重于满足儿童需要（从发生学意义上看，儿童的需要更类似于类的原始需要。儿童越年幼，其自身的需要越根本），把鼓励幼儿文化创造作为课程价值，即充分满足幼儿的创造欲望，并尽可能激发这种愿望。虽然幼儿的创造更多地具有暂时的个人意义，却也具有人类意义。只有这样，儿童才能成为文化的塑造者。因此，"儿童的教育，无论在方式上，或在安排上，均需与历史上人类的教育相对应。换言之，个人知识的发生必须遵循种族知识的发生的途径"③。幼儿园课程作为人类文化的存在形式，是教师在教育活动情境中，将人类文化还原于幼儿的生活及经验，对幼儿学习

---

① 威廉·F. 派纳，威廉·M. 雷诺兹，帕特里克·斯莱特里，等. 理解课程——历史与当代课程话语研究导论. 张华，等译. 北京：教育科学出版社，2002：69.

② 虞永平. 学前课程价值论. 南京：江苏教育出版社，2002：22-23.

③ 张焕庭. 西方资产阶级教育论著选. 北京：人民教育出版社，1979：439.

经验的可能性设想、诠释和建构所演绎的课程之创造性表现。

2. 幼儿园课程内涵的经验化倾向

学制系统中的各年龄段的课程都反映了一定的社会价值和文化知识，注重将这些社会价值和文化知识整合到学习者的经验之中。而教育对象的年龄差异及与之对应的身心发展差异是产生课程差异性的根本原因。幼儿园课程在许多方面有别于其他各级各类教育课程，这种特殊性产生于幼儿园、幼儿教育与其他教育机构、与其他教育阶段的差异性。"其最明显的差别表现在对教育对象的考虑方面，以幼儿为教育对象的幼儿园课程的决策，要求教育者更多地关注个体儿童的发展水平。"①幼儿身体的各器官、功能系统正处于发育和完善过程之中，幼儿的心理发展处于感知运动思维和具体形象思维阶段，不能以学习系统的学科知识作为首要任务，幼儿主要是通过游戏及其他感性活动使身心得到发展。同时，由于幼儿发展的潜能极大，幼儿的学习能力较为依赖自身发展。幼儿园课程应该充分考虑其个性发展特点，符合幼儿的发展水平。

幼儿的发展特点和学习特点是决定幼儿园课程组织的关键因素。其发展特点决定了幼儿的学习不能或很难通过文字从事学习，系统化的学科知识不能直接成为幼儿实际的学习内容。幼儿也不能以聆听教师讲授学科知识作为主要的学习方式。因此，对于幼儿而言，不可能以听觉学习作为主要途径来全面把握学科知识。幼儿主要通过多通道的学习路径、多种类型的信息内容来进行学习，尤其是幼儿身体的许多器官、部位都可成为幼儿认识世界的有效路径。据此，幼儿园的课程内容组织是以生活的逻辑起点为原点，建构起多样化、感性化、趣味化的活动。《幼儿园教育指导纲要（试行）》明确提出，幼儿园应为幼儿提供安全卫生、丰富多彩的生活活动与游戏化教育环境，以满足其身心和谐发展所必备的粗浅知识和多元化经验。可见，幼儿园课程在国家政策层面上被视为一种具有活动性、经验性特征的课程。而且，幼儿园教育方法和课程资源更多的是使用可操作的材料和生活化活动，《幼儿园教育指导纲要（试行）》多处强调：幼儿园的教育活

① Gredler G R，Spodek B，Saracho O N. Issues in Early Childhood Curriculum. New York：Teachers College，Columbia University，1991：244.

动，是教师以多种方式有目的、有计划地引导幼儿生动、活泼、主动活动的教育过程。

纵观课程发展史，幼儿园课程是一个具有多层面、多重含义的复杂概念，幼儿园课程的结构、过程和内容在不同历史时期、儿童的不同年龄段是不同的。第一种是学科倾向的界定。幼儿园课程是幼儿园所设科目。近年来，随着脑科学的发展和儿童心理学的纵深研究，人们更加关注儿童的整体性发展需要与社会客观需要的整合，幼儿园学科课程也更加注重不同学科之间的内在联系，以学科为基础进行学科间的融合，加强了学科间的整体性，形成了学科领域课程。第二种是活动倾向的界定。幼儿园课程是幼儿园教育活动的计划或方案，幼儿的活动是课程组织的核心。第三种是经验倾向的界定。幼儿园课程是幼儿在幼儿园所获得的一切经验，强调活动过程的重要价值，把知识还原为感性经验是幼儿园课程的重要特点，凸显课程实施对幼儿发展的价值。第四种是情境倾向的界定①。幼儿园课程是幼儿在幼儿园环境中进行的、旨在促进其身心全面发展的历程，强调经验的获得是幼儿参与沟通和文化实践的过程，是形成幼儿同周围世界互动能力的过程。第五种是教育部"九五"教育科学规划重点课题"中国幼儿园课程政策研究"课题组所认定的幼儿园课程的概念。"幼儿园课程是实现幼儿园教育目的的手段，是帮助幼儿获得有益的学习经验，促进身心全面和谐发展的各种活动的总和。"②这里所谓的各种活动，即《幼儿园工作规程》所说的"有目的、有计划地引导幼儿生动活泼、主动活动的多种形式的教育过程"。

以上各种幼儿园课程概念之间的差异，凸显了幼儿园课程实践由重教到重学、由静态到动态的发展历程，折射出其所依据的教育哲学和确定的教育目标不同，表现为侧重培养儿童的社会性，或者进行某种学习，特别是在学业领域中的学习。此外，差异性还表现在强调教育为儿童的未来生活做好准备，主张课程计划应以儿童的发展特征为逻辑起点，与儿童的兴趣和需要相一致，这意味着中小学的课程应与幼儿园课程相衔接；主张学前教育应为儿童未来的成功奠定基础，幼

① 袁爱玲.冷静思考园本课程的热潮.学前教育研究，2002（4）：5-6.
② 冯晓霞.幼儿园课程.北京：北京师范大学出版社，2001：14.

儿园课程应与终身教育理念保持连续性，要为儿童提出有序的教育要求，为儿童进入小学做好准备，这意味着幼儿园课程应与中小学课程相贯通。因此，幼儿园课程最为核心的是该课程的教育哲学观及其所反映的教育目的，这是幼儿园课程的价值取向所在。

因此，本书从经验倾向维度，将幼儿园课程理解为幼儿在幼儿园内的全部活动经验的总和，即"幼儿园课程是从幼儿身心发展的特点和特定的社会文化背景出发，且是有目的地选择、组织和提供的综合性的、有益的经验"①。这一界定强调幼儿园课程对幼儿的适应性，包括内容本身和它对幼儿发挥作用的方式和进程，关注课程实施对学习者获得经验的重要价值，强调特定的经验只有在特定的活动过程中采用特定的方法才能获得；而且，这些经验最终将转化为感性的、具体的活动形式，儿童通过这种活动能够感知、体验适合儿童的文化；关心学习者通过一定的活动所获得的经验；注重"活动—经验"的逻辑联系。

3. 幼儿园课程的本质

在福禄贝尔创立幼儿园以前，"读、写、算"的教育是当时幼教机构的主要教育内容。1840年，福禄贝尔在德国创建了世界上第一所幼儿园，该幼儿园遵循幼儿自我发展的原理，重视幼儿的自我活动，开创了学前教育的新时代。此后，幼儿园课程形成了"知识-学科"和"活动-经验"两个极端的价值取向：前者以传递社会文化知识为幼儿园课程的主要任务，持学术理性主义课程观，试图通过课程赋予儿童必备的、充足的知识和未来生活技能，而在社会历史条件急剧变迁的背景下，课程难以为儿童的未来生活作充足准备；后者强调幼儿在学习环境中获得经验，尤其重视儿童通过自身活动获得直接经验，认为课程是促进儿童自我实现的手段，重视儿童的现实经验与社会生活经验，以改变儿童在教育过程中个性被压抑、天性被忽视的状况。

社会历史条件变革引发幼儿园课程变化，人们逐渐放弃了"非此即彼"的幼儿园课程价值取向，幼儿园课程观沿着教育为了"人的未来生活—人的现实生活—人的现实生活和可能生活的沟通"的道路展

---

① 虞永平. 学前课程价值论. 南京：江苏教育出版社，2002：28.

开。可见，注重人文价值是现代幼儿园课程的本质属性，旨在发展儿童的精神生活世界。幼儿园课程只有把儿童作为一个活生生的、整体的、生活着的人来看待，才真正具有生命活力。据此，幼儿园课程设计在考虑社会、知识和儿童这三大因素时应思考幼儿园教育究竟应该教什么、能够教什么、应该如何教、哪种经验对幼儿最有价值等问题。这就意味着必须弄清幼儿园课程是否是幼儿真正感兴趣和关心的，幼儿是否需要它，如何与幼儿发展水平相适应，如何处理好教师教学与幼儿游戏的关系等。课程的最终成效取决于儿童自己做了什么，而不是教师做了什么。因此，幼儿园课程的本质最终决定于课程的主体——幼儿自身的特点，绝大多数教育家将活动性作为儿童的内在本质属性，将活动视为儿童发展的源泉，故幼儿园课程的本质在于它是幼儿的课程，幼儿的活动是幼儿园课程的本质。

满足儿童的完满生活需要，面向生活世界，是幼儿园课程的发展趋向。本书立足于从经验倾向的课程维度出发，认为幼儿园课程是一种弥漫性的、丰富的经验。儿童是在各种儿童文化的耦合中发展的，儿童文化是不可预期的、有多种可能的，因此幼儿园课程是建构主义的，不能预先设定，是开放的、可生成的；而且，儿童文化为幼儿的智力发展和自我意识形成提供支持和结构，在幼儿园课程的实施与形成过程中提供了幼儿个人发现和发展其独特个性的情境，是幼儿的"问题—发现—解决"活动过程，它必然会表现出不稳定性、非连续性、相对性、多样性和复杂性等特点。同时，幼儿园课程本身是一种完整文化存在并作用于幼儿及成人，成人应支持与帮助幼儿在参与、探索和交往的活动过程中获得自我认同和文化认同，不断创新自己的文化，从而使幼儿园课程具有行动性、即时性、整体性、真实性与探索性等特点。

（二）幼儿园整合课程的含义

通过对课程、整合课程和幼儿园课程的内涵进行分析，鉴于幼儿园课程是基于儿童精神的整体性、通过儿童的活动而发生的，儿童与其所处环境中的诸因素交互作用，旨在实现儿童生命价值的提升与多元文化的整合，笔者认为幼儿园整合课程是指以幼儿的生活和游戏为中心、各种教育因素有机结合、幼儿在与周围环境的整体作用中获得系列有益性经验的结构性课程系统。从其定义可知，幼儿园整合课程是一种有组织的结构，课程系统应包括幼儿学习的内容、为达到预期的课程目标需要幼儿所要经历的学习过程、为帮助幼儿达到这些目标教师应当做的事情以及教学和学习所发生的情境，这些要素间具有整体性、自身调整性和转换功能。在系统科学观和幼儿教育整体观统摄下，笔者认为幼儿园整合课程着眼于完整人格的培养，以幼儿与生活、幼儿与社会、幼儿与文化的整合为主线，将教师、幼儿及家庭、社会环境等各种教育要素整合起来，在课程整体系统功能的思想指导下对幼儿实施教育性影响，以实现幼儿的整体发展。由于教育对象为3—6岁幼儿，幼儿园整合课程在很大程度上区别于一般中小学的整合课程。它以生活和游戏为中心，更为注重教育环境的创设；以自然和社会为课程整合的主轴，教师通过创设丰富多彩的一日生活和游戏活动；充分认识到幼儿正在发展中的能力以及接受幼儿表达自己发展状态的不同方式，保护和启发幼儿的好奇心和求知欲，促进其知、情、意的协调发展，从而满足他们在快乐的童年生活中获得有益于身心发展的经验，提高其认识世界、适应社会及人际交往的能力。

由幼儿园整合课程的界定可知，幼儿园整合课程侧重于儿童本位整合，以儿童的直接经验、儿童需要和动机、儿童的兴趣和心理发展作为课程整合的核心，其目的是促进儿童的经验生长和人格发展。

（三）幼儿园整合课程的特征

幼儿园课程是一个有组织的经验系统。经验化是幼儿园课程的组织特征，活动性与操作性是幼儿园课程的实践特征。幼儿园课程以生活的逻辑加以组织，课程内容以学习经验、特别是生活经验的形式为幼儿掌握，通过这些经验促进幼儿不断人格化、社会化和文化化。

幼儿园整合课程作为一种新的课程形态，基于儿童生命成长的丰富性和不确定性特征，以完整的人格作为整合的基点，以幼儿教育的内在价值为根本性立论规范课程的价值取向；并基于儿童的经验，构建课程的开放性与选择性相统一的机制，促进幼儿园课程中的教师、儿童、知识与环境之间的动态交互作用，实现从儿童的经验进入成人的经验的机制，形成一个动态平衡的生态系统，实现教育内容创生与文化发展之间的整合，达成儿童情意发展与认知发展的统一，最终指向于人类的文化精神和自由心灵。

1. 整体复合性

在儿童世界中，儿童认知方式具有艺术的、隐喻的、直觉的而非逻辑的特点。不健全的逻辑嬗变为一种诗性逻辑，不完善的科学实证恰恰为儿童想象留下了空间，儿童文化的理性和神话合而为一的独特性，幼儿的心灵是人类"真善美"精神的巧妙结合。正如丹麦教育家帕尔森所言："人类精神是一个完整的统一体，学习受这个统一体的制约，意识中不同的心理因素在功能上是相互关联的，学习中的每个事例，比如数学，都包含情绪和社会因素。如果在学习过程中各种因素不能和谐配合，它们就会妨碍知识的获得——这种制约不是因为智力机能不健全，而是因为意识的基本因素间的不和谐导致的思维的内在停顿。"[①]据此，基于个体生活经验的整体性、认识方式的融合性以及学习途径的多样性，幼儿园整合课程的组织和实施应体现完整性，课程内容应是整体的、和谐的、生态的；应根据幼儿生活的逻辑、儿童认识客观世界的整体性和系统性原则设计并实施，引导幼儿以完整的人去面对完整的生活、有机的经验，从而保证儿童经验的完整性和持续性，为儿童完整发展做准备。

课程的属性与特定的课程结构有关。整合性是幼儿园课程的基本特性，对于幼儿来说，其发展是整体的，而课程的经验有时是割裂的，课程不同属性之间的协调和整合是引发幼儿正常发展的关键。[②]幼儿园整合课程是由课程目标与任务、课程内容与要求、课程的组织形式与方法以及对课程的评价等要素有机地、自然地融合而形成的复合体。幼儿园整合课程价值调控的核心尺度是幼儿的适宜发展，通过师幼在具体的情境中以预设的领域、儿童个体的经验和问题作为课程的相对起点，儿童以整体性的心智统合外界环境中人、事、物的相互

---

① 转引自马文华，贾秉权. 儿童文化与幼儿园课程. 教育实践与研究，2014（25）：5-7.
② 虞永平. 学前课程价值论. 南京：江苏教育出版社，2002：9.

关系，以儿童对世界的体验、理解与交往作为儿童的主要生存方式，以儿童和谐发展为指针，对课程不断进行意义的赋予与重构，激发儿童在建构知识、意义与关系的过程中凸显完整的文化特性。

2. 文化生成性

生命性是幼儿园课程的灵魂。游戏是幼儿的精神生命，也是幼儿学习的基本活动和途径，这注定了幼儿园整合课程的过程，是融生活、游戏、学习为一体的综合过程。虞永平指出："学前课程的编制从一定意义上说是一个广泛的游戏结构的展开。"[①]游戏是儿童文化的载体，幼儿园整合课程以儿童游戏的主体文化形态进入教育过程，通过游戏与生活的整合来培养儿童的生成与建构意识、能力及文化主体身份，促成完整生命个体的充分实现。以游戏为主的儿童文化特征决定了幼儿以主体身份进入到课程的运行过程，每个儿童基于自己的经验和兴趣来建构"自己的课程"，与课程文化展开"我—你"对话。这就意味着幼儿园整合课程必须融入师幼的主观表达与个性情怀，通过师幼间的协商与对话，实现知识教育的不确定性和儿童游戏精神与意义的交互作用。这一实施过程与机制体现出儿童与儿童、儿童与教师间不同的思维、话语与立场相融共生的"和合之境"，使儿童的学习过程充满了随机性、情趣性和即时性。因此，幼儿园整合课程的实施过程是创生课程活动、课程线索和课程主题的持续发展过程。在这一过程中，儿童不断对自己与社会的价值、意义做出解释，并自主地生成、建构内在的文化世界。儿童的生命需要也因此得以充分满足，生命潜能得以实现，生命独特性得到尊重，生命内涵不断丰富，逐渐形成自我负责的课程文化特性。

3. 课程话语的个体性

整合课程的文化生成性表明，幼儿园整合课程是以幼儿园为场域，以幼儿和谐发展为本，由幼儿园自行决定和自由创造的、类型复杂多变的创生型课程。因此，幼儿园整合课程必须依据幼儿生活的多样性和多层次性，以幼儿的需要及实现的可能性作为课程设计的出发点，并通过实习场的创设来达到满足幼儿当前的兴趣、需要与促进儿

---

① 虞永平. 学前课程价值论. 南京：江苏教育出版社，2002：201.

童长远发展间的动态平衡。

　　幼儿园整合课程是师幼共同学习、共同建构的动态性课程，实习场为之创设了表达个体性话语的通道。虞永平指出，实习场是一种感性的、综合的学习情境，常常超越学科、领域的疆界，使学习领域、发展领域走向综合和渗透，使健康、语言、社会、科学、艺术等学习领域及运动、认知、情感等发展领域有机地联系在一起。[①]而且，实习场是一种特殊的学习环境，它与真实的环境相似，或者就是真实的生活环境。这种环境是动态的、关联的，有很多有利于达成活动目标的相关材料及规则，隐藏着人与人之间、人与物之间的联系；并隐含了学习者当前最需要的知识经验、技能及情感，活动过程需要幼儿在知识、经验、技能等方面做出努力，使幼儿感受到现实的挑战。由此可见，良好的实习场有利于促进幼儿园整合课程建构一个接受、鼓励并尊重文化多样性的幼儿园课程环境，并通过整合课程的生成活动、线索及主题提供了师幼走向实践共同体的环境。而实践共同体的显著特征是幼儿与教师是合作者、学习者，幼儿和教师面向课程实践、课程活动本身去寻求真实的课程领域，儿童不仅参与课程的实施过程，而且要积极主动地参与课程设计。因而，不同文化背景、不同社会阶层、不同性别与种族的幼儿通过实习场走向课程理解的多元化，通过自己的反思、探究与行动获得在未来的多元化课程话语体系中所需的知识与技能、态度与信念。而教师在实习场中，依据幼儿在活动中表现出来的兴趣、问题和困惑，支持、帮助、引导幼儿去探索与研究，从而创造着教育教学智慧，为教师的专业发展奠定了基石。

三、科学发展观下的幼儿园整合课程

　　幼儿园课程内涵的差异性主要是基于课程所依据的教育哲学及教育目标，不同的幼儿园课程定义包含着不同的课程构成要素。从静态的课程文本维度看，幼儿园课程的要素包括理念、目标、内容与结构；从动态的生成过程来看，幼儿园课程包括课程设计、课程实施与

---

① 虞永平. 实习场与幼儿园课程. 幼儿教育，2007（1）：7-9.

课程评价三大要素。从某种意义上来讲，课程设计过程是指课程理念、目标、内容与结构的形成过程。基于课程理念对课程的重大影响，认为幼儿园整合课程是由课程理念、课程目标、课程内容、课程结构等构成，各要素在课程理念的统整之下形成一个协调整体，共同发挥其总体功能。随着可持续发展的社会观和新课程的生命哲学观出现，幼儿园课程的构成要素发生了新的变化，整合课程正是在这种情况下孕育而生的。

（一）课程理念为整体发展观

课程理念是指研制幼儿园整合课程的指导思想，反映了课程研制者的儿童观和教育观。可持续发展作为科学发展观的一个重要因子，要求我们以持续、整体、协调的原则去看待儿童的生存与发展，对传统教育中忽视师幼生命质量的问题进行反思，强调生命是幼儿教育的核心和灵魂，教育是为了提高人的生命质量而进行的活动。

在可持续发展理论指导下，幼儿园整合课程强调儿童是一个生命发展整体，其审美、认知、情感、语言、社会交往和体质等各方面发展有机结合，关注儿童对生命的感受和体验，以儿童生命的整体发展和一般能力的动态生成为主要价值取向，提倡生命自主和创造性发展。幼儿园整合课程关注课程的根基性、启蒙性和适宜性，给予儿童生命特殊的关爱，充分认识到幼儿在教育过程中的主体地位，注重幼儿本身的活动与个人的体验，充分发挥每个幼儿自主、自觉、自为的本性，主张在儿童自然发展和基本能力获得的同时，强调儿童形成一个"完整的人"；并注重教师对儿童发展和儿童学习规律的把握、幼儿园环境的创设，主要运用过程性评价来评价幼儿园教育质量，将生存、发展与幸福作为幼儿的根本需要，逐步实现幼儿自身可持续发展。

（二）课程目标融入个体生命的整体性和动态生成性

生命哲学认为，生命的完整性是人的存在的一个基本特征。完整的生命不仅包括知识、智力、智慧等认知因素，还包括情感、意志等因素。基于生命哲学对人的生命认识，教育不仅要促进儿童认知自由发展，更应促进儿童情感、意志等方面自由发展，促进儿童自由而完整地发展。

幼儿园整合课程的思想正是从这个角度出发，把儿童看作是完整意义上的生命，以丰富和发展幼儿的生命为起点，努力增强学习过程的生命内涵；强调课程的整体性和过程性，关注幼儿的个体生命，在促进儿童生命自由、完善的发展的同时，提升教师的专业发展水平和个体生命的升华。

幼儿园整合课程从关注生命的角度强调课程对生命的呵护和对幼儿灵魂的关注，倡导儿童个体生命的完整性。每一个儿童都是有血有肉、充满智慧和生命活力、富于想象和有情感的人，是融集体生活、学习和审美为一体的活生生的人。故整合课程从人的整体发展出发，成人通过创造机会去支持儿童文化和综合考虑幼儿发展的多方面需要，尊重与支持幼儿的探究与创造，为每个幼儿提供不同的发现机会，引导幼儿不仅能够掌握一定的知识技能，更重要的是鼓励彼此认可和尊重对方的创作及相互分享，让儿童在活动的生成过程中形成良好的品格、态度、情感和健全的体魄，特别是自信心、责任感和价值观的萌生与发展。

（三）课程内容注重个体生命的感受性和体验性

生命哲学认为，经验与体验不同。经验是指客观世界在人的头脑中留下来的印象或形成的知识，具有积淀性、普遍性和接受性；而体验以经验为基础，是对经验的一种升华和超越，是一种注入了生命意识的经验。"在体验世界里，一切客体都是生命化的，充满着生命意蕴和情调。"①它将人类经验与活生生的儿童个体生命联系在一起，从儿童个体的生活积累和生命感受出发，通过体验来追寻儿童生命的意义，领悟和揭示生命的意蕴。

以往的幼儿园课程过分注重为儿童未来生活做准备。儿童学习的

---

① 刘放桐. 新编现代西方哲学. 北京：人民教育出版社，2002：486.

东西与生活世界相距甚远，学习内容严重制约了儿童的创造力和想象力发展。胡塞尔（Husserl）认为："生活世界首先是一个包括人们一切实际生活的世界，是在我们具体的生活世界中不断作为实际的东西给予我们的世界，是一切已知和未知的东西的世界，是被经验着并能被经验到的世界。"①生活意味着体验，生命本身就是体验，个体的生命总是与情感、希望、想象、回忆、欢乐、痛苦等内在感性活动紧密相连的。因此，整合课程内容是以儿童兴趣为引导的多领域整合，增加有关现代人口、环境、资源与生态等方面的内容，为儿童提供完整的生活体验、有机的经验；让儿童感受到所学习的东西更多的是体现在自己的现实生活中，注重生命的感受性和体验性，提供一种充满情感、富有思考、感受多元的真实体验，并通过自己的生活体验将其学习的东西融入自己的经验结构中，从而获得生长和发展。而支配儿童生长和发展的内核是儿童整体的生命，这就意味着幼儿园整合课程并不刻意追求儿童知识和技能的增长，更强调儿童只有生活在丰富多彩、充满乐趣、洋溢着幸福的现实生活中，才能拓展生命的时空维度，形成对人与自然之间关系的正确认识，形成在日常生活中自觉保护环境，充实生命内涵，发展和完善整体生命，促进人与环境和谐发展。

（四）课程实施关注个体生命的自主性与创造性

自由和解放是内在于人性的，是人的根本性存在和人的本质性存在。但人的品性与本质并不是与生俱来的，需要经过不断的生成过程，在创造中实现其价值，在创造中获得人之为人的依据、资格、权利与内涵。

幼儿园课程实施状况与其核心动态要素——教师和儿童的活动紧密联系在一起，教师与幼儿在课程实施中的参与和投入程度是决定课程实施能否成功的关键因素。多尔认为，"在课程实施过程开展之前，目的产生于过程自身；而不是外在于过程。这意味着在过程开展之前，目的只能以一般的、甚至是'模糊'的词汇来描述……只要目

---

① 刘放桐. 新编现代西方哲学. 北京：人民教育出版社，2002：322.

标在过程之前予以设定，随后的其他步骤采取线性的方式，那么过程事实上便成为预设目的的贯彻与评价"①。据此来审视幼儿园整合课程的实施过程，强调对课程计划和方案的总体设计进行创造性的、互动的转化，充分发挥教师与幼儿在课程实施过程中的自主性和创造性，开发课程资源，将课程事件作为幼儿园课程实施的核心要素，促使课程与教师、课程与儿童的关系发生根本性改变，把课程实施作为教师和幼儿在互动中共同创造和生成教育经验的过程，不断增强教师和儿童的生命意识，提高其共同的生命体验，实现师生个体生命的共同提升。

（五）课程评价关注个体生命的多样性和发展性

人的个体生命涵盖了生命的诞生、生长、成熟、延续、死亡历程，是一个生成过程。对幼儿而言，一日生活的各环节是教育的途径，也是教育评价的途径。幼儿教育应关注个体生命的发展性和多样性。"借鉴帕尔默（Palmer）的概念，修伯纳运用'异乡人'为隐喻来表达课程具有的'更多性'与超越性，促使教育成为不断向生活的新鲜感、新奇性与神奇感开放的超越的旅程。"②因此，整合课程评价应基于幼儿和教师生命的多样性和发展性特征，将课程评价视为一个价值协调过程，基于评价对象的过去，重视评价对象的现在，着眼于评价对象的未来，目的在于发现儿童的各种发展潜能和需要，把情感、态度和价值观等相关目标纳入评价视野，以儿童和教师的发展为本，促进师幼精神生命发展。塞勒（Thaler）指出，课程犹如流动的乐谱，同样的乐谱，每个演奏家基于自己对乐谱的理解和对演奏技巧的不同体验和认识，其演奏的效果也不相同。③《幼儿园教育指导纲要（试行）》明确提出，"要从不同的角度促进幼儿情感、态度、能力、知识、技能等方面的发展……要避免仅仅重视表现技能或艺术活动的结果，而忽视幼儿在活动过程中的情感体验和态度的倾向"，凸显

---

① 小威廉姆·E.多尔.后现代课程观.王红宇译.北京：教育科学出版社，2000：42-43.

② 小威廉姆·E.多尔.课程愿景.张文军，张华，余洁，等译.北京：教育科学出版社，2004：348.

③ 转引自雪原.学习课程标准：转变教学观念推进课程改革. http://www.eyedu.com.cn// Article-show.asp?ArticleID=31. ［2002-11-12］.

了幼儿自主、自信的主体精神。幼儿园整合课程正是基于过程的开放性和评价主体的多元化，使得评价过程本身成为不同文化背景的师幼对课程的对话、交流与生成过程，并注重评价主体的课程话语多元化，使其成为彰显幼儿和教师的创造性、审美性与人文性的实践活动。

第二节　幼儿园整合课程价值辨析

一、课程价值是教育价值的具体表现

课程价值是指课程能否满足、并在多大程度上满足社会与学生个体需要的价值属性，课程的存在、作用及其变化对于学生个体和社会需要及其发展的适合度，是贯穿课程发展史中的一条主线。

课程价值是教育价值的表现形式之一。虞永平指出，教育价值的主体是人，人具有不同层次的存在形态，即人类的人、类别的人和类的分子的人。这三种人的不同存在形态都在一定程度上参与到了教育关系中，他们都有自己的特定需要，并试图通过教育现象来满足这些需要。作为类的人创造并拥有文化，对于教育的需求主要表现为传递文化，使人类文化化，使人类拥有并不断地创造文化。教育价值随人类需要的发展而发展，也随教育满足人类需要功能属性的发展而发展。教育的直接需要来自类别需要，即一定文化、民族、社会的需要，使个体群化、社会化成为类别需要。类分子的个体是重要的教育价值主体，教育的最现实表现是个体对于教育活动的参与。儿童个体的需要不能等同于类别需要，儿童需要从发生学的意义上看更类似于类的原始需要。[①]儿童越年幼，其自身需要就越根本，甚至是唯一需要，外界应尽可能少地加强类别需要。只有当类分子的个体首先进入教育价值关系之中时，才能有类别的和类的价值关系的现实化。个体的教育价值主要通过教育的内在属性来表现，即通过教育内容、教学过程及教学情景等现实的教育要素来实现，且主要通过课程及其实施

---

① 虞永平. 学前课程价值论. 南京：江苏教育出版社，2002：3.

（教学）来实现。

　　由于个体人格充分完善和个体价值充分实现受到社会历史条件的制约，教育价值是在特定条件下从理论上、观念上和设计技术上对社会需要与个人需要进行整合。教育任务是在现有历史条件下，尽可能地促进个体与社会需要的有机统一。课程是实现教育价值转换的支柱，课程的价值就是尽可能地满足社会需要和儿童个体需要，将教育目的转化为课程目标，将课程目标转化为具体的课程内容，课程内容再通过经验的选择与整合进入具体的课程实施过程。这一历程表明了教育价值转化成多种存在形态的课程价值。

二、幼儿园课程价值的核心是促进幼儿发展

　　创造是文化发展的动力。幼儿园课程是一种文化，教师通过创造性的转换解释将人类文化还原于生活、经验，通过儿童在生活中与教师、其他儿童之间及儿童与文本进行对话交流活动，儿童才能不断与教师及文本耦合，创造出可感知和可体验的、适合儿童的文化。据此，幼儿园教育过程是教师与幼儿的情感活动和认知活动相互作用的过程，教师应充分激发和满足幼儿的创造欲望。

　　幼儿园课程价值是指幼儿园课程的决策者、设计者、实施者及幼儿的需要，与幼儿园课程属性之间满足与被满足的关系。追溯中外学前教育课程价值的发展史，东西方幼儿园课程的主要价值差异表现为西方更重视幼儿教育中的儿童价值，东方更倾向于社会本位价值。由于幼儿园课程的特殊性主要基于其结构特殊性，即以幼儿的发展特点为基础而构建的经验体系，东西方幼儿的发展特点和学习特点决定了幼儿园课程中的人文价值占优势。在幼儿园课程价值关系中，参与课程实践过程的主客体是教师、幼儿与课程，主客体之间的相互关系是一种极为复杂的关系。"多重主体中的一方或一方中某一部分又会作为客体走向与其他主体相对的一面，即客体方面，并参与同其他主体的相互作用……这种相互关系的特殊表现正是幼儿课程价值关系的主要特征之一。"①在幼儿园课程中，经验的组织形式、呈现方式以及经

---

① 虞永平. 学前课程价值论. 南京：江苏教育出版社，2002：79.

验的范围和水准都与价值有关，价值标准成为幼儿园课程编制的出发点。幼儿园课程目标、内容和活动的科学性、合理性及可操作性程度，对幼儿园课程模式的确立有指导作用，而幼儿园课程价值的实现需要通过内含一定价值的具体活动及经验影响课程实践。

幼儿园课程是以经验为素材的课程，是一种内含操作化、感性化知识的课程，是对知识、方法与感性材料进行整合的有机系统。经验化的课程编制从幼儿需要和兴趣出发加以设计，这些经验既包含了必不可少的核心知识内容，又离不开活动着的人，必须符合幼儿心理发展的一般特点。而幼儿、课程及教师之间如何进行课程实践是由幼儿的特点所决定，幼儿的年龄、现有的发展基础及可能的趋势、家庭生活背景、行为习惯都是影响其参与课程实践学习活动的因素。同时，教师是课程价值的主体之一，幼儿课程价值的实现过程受到教师的儿童观、教育观和价值观影响。据此，幼儿教师不仅要了解作为课程学习者——幼儿的特点及其个别差异，还应领会课程的理念和结构，通过对课程进行教学法加工并以适当方式呈现，使之对幼儿产生影响。由此可知，任何教育教学活动都包含了教师的创造性劳动，而这种创造性劳动又都使幼儿和幼儿教师在不同程度上满足了自身需要。

幼儿园课程是以幼儿的发展特点为基础而构建的经验体系，其直接作用者是幼儿。因此，在幼儿园课程的价值主体中，能真正影响和改变这一经验体系的主体是幼儿及其发展，幼儿园课程对不同主体的价值主要通过其对幼儿的发展价值来实现，即幼儿的发展不仅使教师获得了专业成长，也使社会获得了社会化、文化化的成就感。

三、幼儿园整合课程与学科课程的价值辨析

没有幼儿的发展，任何幼儿园课程主体都无法获得需要的满足和价值的实现。幼儿的主体地位决定了幼儿园课程价值指向儿童的个人价值，基于幼儿园整合课程与分科课程所依据的教育价值取向——社会需要和个人需要在本质上不是对立的。个体人格的充分完善和个体价值的充分实现受到社会历史条件的制约，因此，这两类课程的价值取向在本质上有一定的交叉性、继承性，幼儿园整合课程与分科课程

是相互依存、相互作用、功能互补的两种课程形态。而且，幼儿园整合课程与学科课程的演变是扬弃的过程，是对过分强调学术性的分科课程和以幼儿为中心的经验课程的高度整合。幼儿园学科课程价值定位为传承文化及促进幼儿个体向精英人才发展，幼儿个体发展价值的逻辑起点是知识的获得，注重知识的逻辑结构系统，强调教学的认知功能，价值原则为理性原则，忽视了幼儿在课程中个体生命的彰显。而幼儿园整合课程的价值定位是提高儿童的生命质量，幼儿个体发展价值的逻辑起点是幼儿的生存方式和生命情感状态，关注幼儿的经验与兴趣、情感和体验的完整性，主张幼儿通过活动体验来追寻生命的意义和实现生命的价值，弘扬幼儿生命的创造性，强调幼儿园教学的心理功能和社会功能。

（一）幼儿园学科课程与整合课程的功能趋向

教育价值总是围绕社会、个人、知识三者之间的相互关系进行分析，即如何处理好科学知识价值与个体精神价值、个人价值与社会价值、未来价值与现实价值之间的关系问题，其核心是人。知识、社会、人是制约课程的三个基本要素，课程的价值在于传递一定的文化，满足社会发展和儿童个体发展的需要。因此，研究者在设计和实施课程中，围绕"儿童获得知识与儿童获得快乐""社会发展需要与儿童自身发展需要""儿童现在生活与儿童未来生活"之间的关系进行探究，基于研究者的侧重点不同而形成不同的课程价值取向。

学科课程是世界上产生最早、历时最久、应用范围最广的课程之一。它在对课程功能的不断分化和综合过程中形成了典型的学科课程和整合课程形态，尤其是近代以来的课程发展在技术理性支配下，以学科课程为代表的分科设置模式，较好地体现了系统的、完整的科学知识目标，满足了近代教育的需求。学前教育领域不存在严格意义上的学科课程，其组织知识的方式并不完全依据学科知识的逻辑。如20世纪50年代的学科课程包括体育、认识环境、绘画泥工、音乐和计算。其中，认识环境包括认识自然和社会等多个学科的综合，属于前学科课程，注重教育内容的规范化、系统化，强调将教师的教学大纲转化为幼儿自身大纲的过渡性特征，即幼儿根据自己的本性，按照自己的兴趣和思维水平来挖掘大纲本身，而其能掌握的程度是由大纲变成其自身大纲的程度，立足于为儿童未来生活做准备的课程价值观。因此，幼儿园学科课程通过教师的创造对符号进行转换是教师进行学前教学法加工的重要工作，关注幼儿的符号世界，用最合适的方式让幼儿的初步感知、理解成人的符号世界，最终转化为经验的形式，以感性的、具体的、活动的形式对幼儿的身心产生作用，实现幼儿学会认知的目标。但知识的标准化、统一化支配着幼儿园课程设计和实施，重视幼儿的知识和理性发展，忽视作为学习者的幼儿生活体验和儿童童年的快乐。幼儿的整个精神生活被定格在预设的教学内容中，各个教育活动之间缺乏有机联系和必要的补充，忽视了幼儿的实际生活和直接经验，割裂了知识学习与情感态度和价值获得之间的联系，忽视了儿童生活的整体性，课程知识的非人性化现象凸显。

整合课程是基于社会、儿童和知识体系之间的合理整合。课程整合的关键是确立能体现课程价值观的"整合中心"，整合中心源于与幼儿真实的生活情境相关的问题与议题，围绕整合中心来确立相关学科知识领域中幼儿熟知的重要概念，并以这些概念为核心选择和建构课程内容与目标，围绕整合中心与概念来生成系列活动，儿童通过活动进行统整学习和课程评价。因此，幼儿园整合课程属于实践性课程。每个儿童都是一个活生生的、整体的、生活着的人。为主张儿童本体价值与社会文化价值的整合，强调幼儿园课程的生活导向和基本能力的培养，以满足儿童完满生活的需要作为价值取向。阿普尔认为，教育活动本身就是一个意识形态和文化的能动创造过程，其在《意识形态与课程》和《教育的权力》等著作中明确提出"谁的知识最有价值"，强调儿童是课程的主体，注重儿童创造课程文化的能力。[①]幼儿园整合课程在文化整合观的高度统摄下，将自然、社会与儿童视为一个有机的统一整体，以幼儿的学习与成长需要为主。课程的意义在于为儿童的现实生活与可能生活之间建立起一个桥梁，课程在功能上注重儿童现实与未来的价值取向整合——构建儿童的可能生

---

① M. W. 阿普尔，马和民. 国家权力和法定知识的政治学. 华东师范大学学报（教育科学版），1992（2）：33.

活,"可能生活可以定义为每个人所意味着去实现的生活"①。可能生活是合目的的生活,是一种理想的生活,故幼儿园整合课程应立足于关注儿童的生存状态和生活方式,认识到童年期的生命和生活与成年期的生命和生活具有同样的价值,引导儿童充分地享受自己童年的生活,诱发儿童去经历生活、创造生活和领略生活的意义,并通过建构有效的生活方式去实现追求人生的意义。

在实践理性与解放理性的价值支配下,课程成为沟通学生现实生活和可能生活的桥梁,注重科学知识与儿童生活整合——生活世界是课程内容的范围,把知识引向人生关怀,关注儿童的存在意义和儿童精神成长,注重人的生成的动态过程。课程内容必须与幼儿的需要和兴趣相适应,课程组织的重点从教材转移到每个儿童的学习课程,幼儿通过摄取文化价值去建构生活与人生的智慧与经验,寻求课程对主体存在意义的提升。在课程实施过程中,注重社会需要与个体发展的整合——体验和感悟是儿童学习活动的基本方式,从关注幼儿知识的获得到注重幼儿情感态度和价值的培养,充分关注儿童的个体差异;幼儿的学习活动以理解、体验、反思、探究和创造为根本,注重学会学习;倡导个体独特性的释放和培养,让幼儿获得人生的全面体验,成为和谐发展的完整个体。

（二）课程的分化与综合具有哲理的辩证统一

课程的价值取向是沿着人的主体性回归道路演进。注重学术理性主义的学科课程强调课程对儿童未来生活的意义。从表象上看,学科课程基于知识和理性发展的逻辑起点,并通过课程赋予人必备的、充足的知识和未来生活技能;但这种课程观的实质是关照儿童的未来发展和社会需要。活动课程正是针对学科课程漠视儿童在课程中的主体地位及其生存状况,提出若课程只关注儿童的未来生活需要并为其做准备,可能诱发教育过程中儿童的天性被忽视和个性被压抑。据此,活动课程的价值取向从重视知识转向重视儿童的社会生活经验,强调儿童经验的课程意义,其实质是从关注儿童的未来生活转向关注儿童

---

① 赵汀阳. 论可能生活. 北京：生活·读书·新知三联书店, 1994：116.

的现实生活。基于社会本位与个人本位的价值整合，整合课程在全人教育思潮下，以儿童的现实生活作为课程与生活联系的基础，在儿童的现实生活与未来生活间找到儿童发展的可能契机，关注儿童的完整生活。课程的功能是培养完整的人，使儿童在有尊严、有意义的教育生活体验中成为有尊严和价值的个体。由此可见，整合课程的过程在哲理上是对学科课程的否定之否定，正如游家政所言："统整课程并非要取代分科课程，而是要弥补分科课程的不足。"①学科课程和整合课程是相对的，这两种课程反映了人类认识的两种基本方式，"分科"与"整合"相互交织、相互关联而又相对独立，学科课程的历史中蕴含着整合课程的理想，学科课程理论中蕴含着课程整合理论；而课程整合内在地包含着课程分化。两种课程共同发挥各自的作用：学科课程体现了"理性发展"与"科技文化"的协调统一，整合课程体现了"人性实现"与"文化发展"的协调统一，它们的共同旨趣是解决人与文化之间的关系问题。②

从 20 世纪我国幼儿园课程改革历程来看，经历了学科课程—综合课程—学科课程—整合课程与学科课程并存的发展历程，每次课程改革后形成的新课程都是对以往课程的扬弃。幼儿园课程选择的标准受到先进的教育价值和理念影响，1904 年的《奏定蒙养院章程及家庭教育法章程》要求注重儿童身体的发育、心智的启迪和性情行为的规范，将幼儿园课程分为游戏、歌谣、谈话和手技。这是一种前学科课程，折射出社会本位的课程价值取向，注重幼儿园课程辅助家庭教育的作用。但我们发现，其所指的学科课程中依然包含有整合的成分，如"谈话"包含了语言与科学及社会的整合。在儿童中心论和实用主义教育思潮的影响下，1932 年颁布的《幼稚园课程标准》提出："幼稚教育的总目标——增进幼稚儿童身心的健康。力谋幼稚儿童应有的快乐和幸福。培养优良的人生习惯（包括身体、行为等各方面的习惯）。"③该标准将幼儿园课程分为游戏、音乐、故事和儿歌、社会和常识、工作、餐点及静息等七大领域，而这七大领域的整合课程内

---

① 游家政. 学校课程的统整及其教学. 课程与教学季刊, 2000（1）: 24.

② 陈彩燕. 论整合课程与分科课程的并存关系. 华南师范大学学报（社会科学版）, 2004（3）: 119-124.

③ 中国学前教育史编写组. 中国学前教育史资料选. 北京: 人民教育出版社, 1989: 230.

在地包含分科的理念。在精英教育理念的支配下，有人对《幼稚园课程标准》提出批判，以强调知识系统化和作业教学为特征的学科课程逐渐作为幼儿园课程的主要课程。1952 年的《幼儿园暂行教学纲要》和 1957 年的《幼儿园教育工作指南》将幼儿园课程分为计算、音乐、美术、体育、认识环境和发展语言五科。这种分科课程本身也包含着幼儿园课程整合的思想，这是由儿童本身的整体认识特点所决定。2001 年颁布的《幼儿园教育指导纲要（试行）》明确指出："幼儿园应为幼儿提供健康、丰富的生活和活动环境，满足他们多方面发展的需要，使他们在快乐的童年生活中获得有益于身心发展的经验。"[①]而且，它将幼儿园课程分为健康、社会、艺术、科学和语言等五大领域，要求"幼儿园教育活动的组织应充分考虑幼儿的学习特点和认识规律，各领域的内容要有机联系，相互渗透，注重综合性、趣味性、活动性，寓教育于生活、游戏之中"[①]。它以整体发展观作为幼儿园课程的哲学基础，注重联系性与整体性是其显著特点，强调童年快乐和经验是幼儿园课程的价值取向。

"一部世界课程发展的历史，正是一部新旧文化的矛盾冲突、交织融合的历史，是旧文化的衰亡、新文化不断被创造的历史。"[②]幼儿园课程是社会文化的适应性产物，在不同历史时期形成不同的价值取向和课程形态、在同一所幼儿园同时存在不同的课程组织形态的现状，源自人对自身的"超越"与文化发展的要求。在幼儿园课程发展史中，既有整合视野中的幼儿园学科课程，也有学科视野中的幼儿园课程整合，其存在、发展与其文化生态处于动态平衡之中。因而，在多元文化背景下，幼儿园课程要正视和尊重每一种文化的价值和差异，认同文化的主体性、相对性及互补性，积极应对多元文化的渗透与价值的冲突与交流。整合课程与学科课程并存于幼儿教育理念与实践的辩证统一关系中，建构"适宜的课程"成为幼儿园课程整合的旨趣。

---

① 教育部基础教育司.《幼儿园教育指导纲要（试行）》解读. 南京：江苏教育出版社，2002：30-36.

② 裴娣娜. 多元文化与基础教育课程文化建设的几点思考. 教育发展研究，2002，22（4）：5-8.

（三）幼儿园整合课程是对学科课程的超越

文化是课程的源泉，课程是经过选择和加工的文化形态，时代文化所代表的特定精神对幼儿园课程理念起着导向作用。人类知情意的和谐发展是个体整体生成的过程，且人类个体的幸福生活有赖于个体整体精神结构的重构，这就要求课程为幼儿的和谐发展提供整体化内容与时空方式。而且，整合的课程理念在多元文化背景下会产生不同的实践和理解意义，而幼儿园课程实践和理解的意义的建构以适宜于其生存的文化生态为前提。因此，幼儿园学科课程与整合课程将在一定时期内共生共存。

幼儿园整合课程不仅是学科内容的整合，更是突破学科结构和实现课程功能的整合。比恩指出："课程统整不像许多教育工作者所想象的仅是重新安排课程计划的方法而已。它也是一种兼容并蓄的课程设计理论，涵盖了学校的教育目标、学习的本质、知识的组织与应用，以及教育经验的意义等特定观点。"[1]这个概念本身反映了课程统整是基于整合理念而进行的课程统整实践。在教育实践中，幼儿园课程是从幼儿身心发展的特点和特定的社会文化背景出发，且是有目的地选择、组织和提供综合性的、有益的经验。幼儿的学习内容主要源自儿童周围的现实生活，这就需要课程设计者和实施者把幼儿所掌握的知识置于一定的"知识脉络"与具体情境中，幼儿通过交往、参与和探究等多样化的学习方式来理解和建构课程文化。从理念的视角来审视，所有的幼儿园课程在某种程度上都可以看作是整合课程。

幼儿园整合课程的发展是建立在对学科课程的质疑、批判和超越的基础上，分科和整合是认识世界的两种不同方式，与此相对应的是，幼儿园课程中的分科和整合都有各自存在的理由。J. B. 英格拉姆指出："综合课程的目的就是保证课程彻底地人文主义化：它的不同的组成部分形成一个经验的融合体，有助于理解人类的意义。"[2]倡导幼儿园整合课程并非要取代学科课程，而且并非所有的知识都能整合在一门学科之内，幼儿园整合课程内在地包含着学科课程，整合课程是学科课程的补充和延伸。

---

① Beane J A. 课程统整. 单文经等译. 上海：华东师范大学出版社，2003：166.
② J. B. 英格拉姆，吕达. 综合课程的作用. 课程·教材·教法，1985（2）：89-91.

基于我国幼儿教育的实际情况和课程创生的整合课程实施取向，幼儿园课程研究者在研制课程体系时，注重幼儿园课程全部内容的空间结构化整合及幼儿园与中小学课程时间的一体化整合。这就意味着研究者要对幼儿园课程与中小学课程进行统一研发，对工具性课程、认知性课程与情意性课程进行有机结合。而且，幼儿园教师应根据儿童整体性发展的价值取向，在课程的开发、实施、评价过程中，采用从整体到部分、从整合到分化的逻辑来优化整合课程资源，并通过教师和幼儿在具体教育情境中的反思批判，不断总结新的教育经验。

第三节 幼儿园整合课程实施现状及相关研究

随着《幼儿园教育指导纲要（试行）》的颁布实施，基于幼儿教育改革的现状，笔者对重庆市幼儿园整合课程实施现状进行了调查。研究发现，教师的教育观念正在逐步转变，在新的整合课程中，教师能以新理念指导教育过程实践，幼儿园体现出主体性强、自由度大、参与面广且探索兴趣高的特点，课改的新理念较好地落实到教师教育实践中，使整合课程不断得以充实和改进。

一、问题的提出

进入 21 世纪以来，随着社会经济、文化的变革，幼儿园课程改革成为幼儿教育改革的核心与突破口，也是贯穿幼儿教育发展的一条主线。《幼儿园教育指导纲要（试行）》鲜明地体现了"以幼儿发展为本"的理念①。如何将观念转化为实践，在全社会形成有利于幼儿成长和发展的教育生态，并追求理念与实践的统一，需要幼儿园不断深

---

① 教育部基础教育司.《幼儿园教育指导纲要（试行）》解读. 南京：江苏教育出版社，2002：118.

化课程改革。《基础教育课程改革纲要》明确提出在幼小阶段实施整合型课程。幼儿园教育为此展开了探索和实践，建构了以整合各领域知识，以幼儿自主性、探究性学习为主的新课程——幼儿园整合课程，即在幼儿园中，各种教育因素有机结合、整体作用，儿童在与周围环境相互作用中获得系列有益性经验的结构性课程系统。

幼儿园整合课程侧重于儿童本位整合，以儿童的直接经验、儿童的需要和动机、儿童的兴趣和心理发展作为课程整合的核心，其目的是促进儿童的经验生长和人格发展，培养出适应未来社会的成功者，这是我们研究和探索整合课程的初衷。重庆市现有 38 个区县，3 075 多万人口，具有典型的大城市、大农村二元结构特点。2017 年全市幼儿园（所、点）达 7490 个，在园幼儿达 95.9 万人，其中普惠性幼儿园在园幼儿 73.1 万人，学前三年毛入园率 84.4%。本书对 2001 年以来幼儿园整合课程实施现状和效果进行了研究。

二、研究方法及结果

（一）研究方法

1. 被试选择

随机选取重庆市幼儿园教师 405 名。其中，男教师 23 名，女教师 382 名，分别来自重庆 12 个县（大足、酉阳、巫溪、城口、彭水、梁平、合川、云阳、开县、江津、长寿、永川）和 9 个区（渝中、沙坪坝、九龙坡、江北、渝北、大渡口、北碚、高新、南岸）。

2. 研究程序

采用自编问卷，让教师对幼儿园实施整合课程后的效果及实施中存在的不足进行评价。评价的等级分五级：1 代表"完全不符合"；2 代表"不太符合"；3 代表"有点符合"；4 代表"基本符合"；5 代表"完全符合"。有效问卷数据输入计算机，用 SPSS12.0 进行分析。

（二）研究结果

1）幼儿的反应测量项目包括 6 个项目，对 6 个项目的得分进行排序（表1）。

表1　幼儿的反应测量项目

项目	最小值	最大值	平均数	标准差
喜欢教学活动，很愉快	2	5	4.029 630	0.760 479
动手能力增强，主动参与活动体验	2	5	3.962 963	0.865 231
幼儿学习兴趣浓厚，积极主动性提高	2	5	3.777 778	0.737 939
合作意识增强	2	5	3.725 926	0.882 416
学习更有目的性，学习方法多样化	1	5	3.666 667	0.936 076
幼儿思考判断及解决问题能力提高	1	5	3.496 296	0.877 728

从表1看出，整合课程增强了幼儿的愉快体验，幼儿学习兴趣更浓厚，更愿意积极主动地参与活动。

2）教师的反应包括 9 个项目，对 9 个项目的得分进行排序（表2）。

表2　教师的反应测量项目

项目	最小值	最大值	平均数	标准差
教师更注重幼儿的实际需要和兴趣	1	5	4.214 815	0.856 413
教师专业发展的主动性有所提高	1	5	4.118 519	0.827 006
教师能制定恰当的活动目标	2	5	4.111 111	0.717 532
教师能更好地进行反思	1	5	4.059 259	0.806 192
教师具有整合课程意识，建立了主体性幼儿观	1	5	3.977 778	0.848 411
教师之间的合作更加紧密	1	5	3.970 370	0.911 484
教师知识结构欠缺得到了一定程度弥补	2	5	3.903 704	0.825 408
教师的积极性提高	1	5	3.881 481	0.904 213
教师能较好地胜任整合课程的实施	1	5	3.762 963	0.828 401

从表2可知，实施幼儿园整合课程，是教师教育理念不断提升、教育资源不断优化、教育行为日趋科学化的一个动态过程，其成功取决于教师专业化程度与课程的创新意识。在整合各种教育手段，调整教学策略，科学评价教育活动的同时，关注幼儿的兴趣与需要，才能使幼儿园整合课程获得实质性进展。教师不仅能够在实施过程中得到锻炼，更能制定科学的活动目标，合作完成整合课程的实施并积极进行反思以提高教学水平，促进幼儿和谐发展。

3）师生交往现状包括5个项目，对5个项目的得分进行排序（表3）。

表 3　师生交往现状测量项目

项目	最小值	最大值	平均数	标准差
师生热情友好相处	2	5	4.333 333	0.710 599
师生能共同成长	2	5	4.281 481	0.747 787
教师更多以表情动作引导儿童	2	5	4.259 259	0.770 396
课程实施中师生互动较强	2	5	4.162 963	0.743 361
师生能互相理解、互相尊重	2	5	4.125 926	0.839 286

从表 3 可知，实施整合课程后师生的平等互动增强，相处非常融洽，形成了"同伴、朋友"型师生关系。在师生互动中，教师能采用多种方法引导儿童以满足其兴趣和求知欲，让教师和儿童在游戏中共同成长。

4）其他效果因素包括 4 个项目，对 4 个项目的得分进行排序（表 4）。

表 4　其他效果因素测量项目

项目	最小值	最大值	平均数	标准差
活动内容生活化、趣味化、综合化	2	5	4.133 333	0.749 257
和谐的课堂气氛	2	5	4.044 444	0.719 598
教学方式和教学模式多样化	2	5	4.029 630	0.779 763
能够得到管理者和家长积极支持	1	5	3.851 852	1.072 970

从表 4 可知，实施整合课程后能营造平等交流、互相合作的课堂氛围。它注重幼儿的亲身体验；强调发现学习、探究学习、研究学习；引导幼儿将知识转化为能力；由重知识传授向重发展转变；由重教师"教"向重幼儿"学"转变；由重结果向重过程转变。

5）整合课程实施中存在的不足包括 8 个项目，对 8 个项目的得分进行排序（表 5）。

表 5　实施整合课程中存在的不足测量项目

项目	最小值	最大值	平均数	标准差
培训有待改善促进教师专业发展	1	5	4.074 074	0.994 761
课程资源不足（教材、教具、网络）	1	5	3.681 481	1.270 292
教材不能满足需要和教师调适相适应	1	5	3.629 630	1.074 507
教师课程实施取向依赖教材缺乏调适	1	5	3.466 667	1.032 636

续表

项目	最小值	最大值	平均数	标准差
课程评价改革滞后	1	5	3.362 963	1.166 407
对整合课程存在误解或不了解	1	5	3.281 481	0.941 232
教师的观念知识不适应整合课程教育	1	5	3.214 815	1.022 411
课程内容过于简单或成人化	1	5	3.066 667	1.231 999

从表 5 可以看出，课程改革是人的思想变革，课程发展是人的发展，无论是新课程模式的探讨还是幼儿发展，都要靠教师的专业化去实现，还要积极开发课程资源，并对课程评价进行积极改革。

三、问题讨论与分析

（一）落实课程目标，整合学习内容，开发园本教材，建构以幼儿发展为本的课程体系

据问卷调查，绝大多数重庆市幼儿园使用的整合课程教材是南京师范大学出版的《幼儿园活动指导丛书整合课程》，也有使用华东师范大学出版的《幼儿园建构式课程》、北京师范大学出版的《幼儿园快乐与发展课程》和《幼儿多元智能》、江苏出版集团出版的《幼儿园综合活动丛书》及重庆市幼儿园活动教材和教师自编教材等。需要研究园内外教育资源的开发与整合，构建具有启蒙性、整合性、开放性的园本课程模式，建立以幼儿发展为本的课程体系。

（二）重新定位教师角色，建立新型的师幼关系，促进幼儿教师专业发展

幼儿园整合课程使教师角色和教育技能面临新的挑战，要求教师有意识地增强专业发展责任感，努力提升专业自主发展的内驱力及自我发展意识，建立对称型师幼互动关系。而教师专业发展所需的大量缄默知识和实践智慧，只有靠教师在日常教学实践中不断反思、探索和创造才能获得，使自身成长始终保持一种开放、持续发展的状态。

（三）充分利用家长资源，引导家长成为课程的设计者、组织者和实施者

随着课程改革的不断深入，向家长开放，充分挖掘利用家长教育资源是幼儿园的重要观念之一。新生家长会、家长联谊会、家长意见反馈、家长开放日等活动形式，促进了幼儿园教师和家长相互尊重、信任合作达到情感和行为的紧密和默契，增强了家园互动，促进了幼儿身心发展。

（四）积极进行幼儿园课程的评价改革，促进幼儿和谐发展

幼儿园教育活动是师幼之间、儿童之间交往互动、共同实现具体发展目标的过程。课程评价以"评学"为重点，以关注幼儿的表现和体验为主，包括在师幼互动、自主学习、合作学习中的行为表现、参与热情、情感体验和探究、思考过程。应积极发挥评价的激励作用，创建适合幼儿的教育。

（五）建议

幼儿园整合课程的实施在管理者及家长的支持下取得了一定成效。但在其实施过程中也存在不足：教师对幼儿园整合课程缺乏深入的认识；培训方式有待改善；课程资源不足；课程内容存在简单化或成人化倾向，不能满足幼儿需要；教师对课程的实施过分依赖教材；课程评价改革滞后。针对幼儿园整合课程实施现状，笔者提出以下建议。

1. 提高幼儿园教师素质，有效实施整合课程

通过各种培训使教师进一步学习《幼儿园教育指导纲要（试行）》，提高专业素质，建立新的课程资源观和价值观。教师以幼儿教育整体观去审视幼儿园课程，从幼儿园的实际出发去整合各项活动内容，努力提高各项活动的整体成效，实现课程园本化。课程内容应满足不同幼儿的需要，特别是游戏活动的需要，使教育内容生活化、经

验化、多元化，为幼儿提供感受和体验生活的契机。教师适时适度介入，灵活运用小组活动、集体活动和个别活动等形式，让幼儿通过观察、操作、实验、探索、游戏等具体活动获得经验与体会。同时，教师应不断对自己的教育教学进行研究、反思，对自己的知识与经验进行重组，以适应新的需要。

2. 充分利用教育资源，有效促进幼儿发展

教师要有意识地细心观察周边环境，敏锐判断其所蕴含的教育价值，并充分利用这一资源。《幼儿园教育指导纲要（试行）》指出："家庭是幼儿园重要的合作伙伴，幼儿教师应本着尊重、平等、合作的原则，争取家长的理解、支持和主动参与，并积极支持、帮助家长提高教育能力。"为此，教师应引导家长认识到自己不仅是家长，更是幼儿的启蒙老师，意识到幼儿的情感、态度、能力、行为习惯的培养比"读、写、算"更为重要，引导家长主动与教师密切合作，达到家园教育形成合力。同时，教师应明确幼儿教育要树立新的资源观，通过自身努力，开发、利用丰富的资源，带孩子们到大自然中去拓展活动的空间，去想、去做、去探究，使大自然、大社会真正成为活教材，并释放出潜在的教育价值。

3. 积极开发幼儿感兴趣的课程，采用游戏化学习方式

幼儿园整合课程为幼儿提供了融生活、游戏、学习于一体的多元化课程。只有从幼儿的兴趣着手，才能让幼儿成为积极主动的学习者。在课程整合活动中，教师制定详细的主题网络图及课程预设，并在实际操作中根据需要对活动内容和重点做相应的调整。幼儿园游戏是建立在幼儿内在动机基础上的活动，游戏过程也具有高度的内部控制特征，这就在最大程度上保证了幼儿学习的自主性。幼儿只有自主地游戏，才能拥有愉悦、轻松的心态。因此，教师应为幼儿提供融学习、生活、游戏于一体的自主活动，促进幼儿的自主性、创造性的发展。

4. 注重幼儿的全域发展，强调以质性评价为主的综合评价

评价是为了发挥对儿童的激励作用，关注幼儿成长与进步状况。评价应以儿童发展为本，关注个体差异，深刻认识到尊重幼儿个体发展差异性和独特性的价值。评价应以质性评价为主，定性与定量结合，在相互协商与沟通中实现评价的多样化。同时，评价能增进师幼间的理解，及时了解幼儿发展中的问题，有效地促进幼儿形成积极的学习态度、情感体验、科学的探究精神，实现"知识与技能""过程与方法"及"情感态度与价值观"的全域发展。

以上建议旨在通过实施幼儿园整合课程，让幼儿在好奇中亲近自然，在探究中发现世界，在合作中走进社会，在表达中丰富情感，在问题中提高能力，在自主学习中获得发展，使儿童真正成为课程的主人，成为和谐发展的完整儿童。

第三章 幼儿园整合课程的内容统整

第一节 幼儿园整合课程内容统整解析

一、幼儿园课程统整概述

"统整"，即整合，英文动词是"integrate"，过去分词是"integrated"，名词是"integration"，主要含义是集成、一体化、合而为一等。在哲学意义上，"整合"是指"由系统的整体性及其系统核心的统摄、凝聚作用而导致的若干相关部分或因素合成为一个新的统一整体的建构、序化过程。也可以简约地顾名思义为，整体的综合统一"①。它揭示的是事物自身内在的机制，着眼于自身及其各个因素、部分的关系，落脚于事物自身的存在和发展变化。当"统整"用于课程时，意指知识组织与运用的理论，统整真实问题和议题情境中的知识。而将知识的统整及其运用作为解决真实问题的工具是课程观念背后的深层意义，即将统整用于课程设计。

（一）幼儿园课程统整的界定

1. 课程统整的含义

课程统整的含义因不同学者哲学观不同而出现多义。Beane 在《课程统整》中对几类课程统整进行比较②。其中，欧用生和方德隆将课程统整视为重新安排学习计划的方法，是一种课程设计理论；高

---

① 黄宏伟. 整合概念及其哲学意蕴. 学术月刊, 1995（9）：12-17.
② Beane J A. 课程统整. 单文经等译. 上海：华东师范大学出版社, 2003：2-4.

建新和张世忠将课程统整看作是针对学生将相关的知识内容及学习经验加以有效组织与连贯；黄政杰和陈美如将课程统整视为课程组织的一种方式；据此提出其对课程统整的看法——课程统整是一种课程设计，打破学科与学科的限制，为师生共同拟定重要问题并采取行动，以达到人与社会的统整，包括经验统整、社会统整、知识统整和课程设计统整。由此可知，"课程统整"包括广义和狭义两个层次：广义的课程统整是一种课程理论，主要是基于课程设计的教育理念，以学习者的学习与成长需要为归依，包括经验、社会、知识与课程等四个维度的统整，追求知识、社会与学习者之统合；狭义的课程统整是一种课程设计及方法，其是以儿童的学习经验与学习内容联结生成的问题为统整主题，是一个动态的创造过程。

本书采用 Beane 的课程统整观，即"课程统整是一种课程设计，乃是在不受制于学科界限的情况下，由教育者和年轻人合作认定重要的问题和议题，进而环绕着这些主题来形成课程组织，以增强儿童和社会统整的可能性，便于儿童形成对世界的整体认识"①。这是基于课程设计方法与理论的课程统整观，以整体的、全方位整合的课程理念进行课程设计。儿童的发展是课程统整的基本精神，强调师幼共同参与课程创造过程，师幼基于幼儿的真实生活共同生成幼儿学习的主题。学科知识是课程统整的基础，从组织与设计课程主题出发破除学科本位形成核心主题知识（学科特有的概念），主要包括个人知识、社会知识、解释知识与技术知识的统整。而且，主题包含了把知识应用到与社会和个人相关的重要问题和关注议题中，儿童在真实的生活情境中围绕主题去组织学习目标、内容、方式和应用教育设备，通过对个人进行关怀（幼儿的生活经验与自我意义，幼儿原有的认知结构与其社会文化背景的连贯性、适切性）建构幼儿的现实与未来之间的可能世界。

2. 幼儿园课程统整的含义

本书采用幼教学者 Bredekamp 与 Rosegrant 对"课程统整"的界定，幼儿园课程统整是指"在儿童经验范围内提供一个组织的主题或

---

① Beane J A. 课程统整. 单文经等译. 上海：华东师范大学出版社，2003：2-4.

概念，让儿童能探索、解释和从事涉及多学科目标的学习活动"①。其含义折射出以幼儿为中心的、多学科统整的教育理念，以幼儿的兴趣、经验和发展作为引导与组织的依据，其学习特征是以课程主题为核心的统整学习。正如 Willam Smith 所言："真正的课程统整，其学习情境必须符合以下特定条件：'它必须考虑和年轻人有关的问题；它必须关心年轻人生活世界的主要层面；它必须激发学习者动态的和创造的行为。因此，一套完整的课程要包含经验中串联自然和重要的单元，每个单元都以一个实际问题为核心，都能不计科目的界限取得必要的学习材料，而且每个单元都能以培养学生的生活能力为主旨。'"②幼儿园课程统整的组织中心始于在真实世界中对幼儿个人生活及社会有重要意义的问题及议题，组织的主题（organizing themes）源于幼儿现有的生活、经验，课程组织中心的功能是将知识加以脉络化，通过"概念性主题"来生成各种活动。基于幼儿阶段的主要活动及关注点是游戏与生活，幼儿园课程统整应关注组织主题的脉络性与幼儿生活、游戏活动间的适切性、意义性、适应性问题，通过幼儿的游戏活动和生活过程对组织中心赋予重要意义。由此可见，学科知识是课程统整的基础，师幼参与计划、脉络知识、真实生活议题与统整组织则成为统整课程的重要因素。其基本理念是让所有的幼儿有更广泛地接触知识的机会，教师与幼儿成为共同成长的合作伙伴。

（二）幼儿园课程统整的特点

幼儿园课程统整建构在幼儿的兴趣与社会关注的议题之上，课程环绕幼儿个人和社会议题进行组织，将通俗文化（日常知识和通俗知识）纳入幼儿园课程。其目的是尊重幼儿的尊严及其差异性，培养幼儿运用知识去解决问题的能力，引导幼儿加深对自我与世界的了解。

1. 组织主题源于幼儿真实生活世界中的重要问题

课程统整着眼于幼儿生活本身，幼儿的生活是一个整体，以问题

---

① 转引自周淑惠. 幼儿教材教法整合性课程取向. 南京：南京师范大学出版社，2006：3.
② Beane J A. 课程统整. 单文经等译. 上海：华东师范大学出版社，2003：20.

为中心而不是以学科为中心，选择真实而重要的问题本身就是一个综合性主题。幼儿教师在进行幼儿园课程统整时，课程的组织不仅以"人类活动"的各种领域为核心，还应以幼儿的"主要社会议题"与"萌发的需求"等两个取向为基础，着眼于统整的活动；而且，幼儿不能依靠单一的学科知识来解决问题，知识仅仅是幼儿理解问题的工具，同时幼儿只有在解决问题的情境中才会借助学科的概念体系或思维方式。因而，教师必须着眼于对幼儿生活中的问题探讨，以现实世界中具有个人和社会意义的问题和议题组成课程的主要内容，将幼儿学习过程看作幼儿对新知识和经验的持续统整，拓展幼儿对自己和世界的理解。

2. 注重组织中心与幼儿社会文化脉络的适切性

幼儿园课程注重与组织中心相关的学习经验，为幼儿提供的学习经验倾向于具体的、且具有一致性和连贯性等特点。组织中心的来源有五个①：第一个来源是包含在单独科目中和涵盖在此作法中的论题，如"交通、神话和传奇"；第二个来源是社会问题或议题，如"环境"；第三个来源是幼儿本身的议题和关心的事项，"我是谁"；第四个来源或可称为"兴趣的论题"，如"苹果、迪士尼乐园"；第五个来源是过程取向的概念，如"变迁"、"四季"或"周期"。幼儿园课程统整是一种由下到上的计划结构的改变，从重要的自我和社会议题中去获得组织中心，统整计划始于一个中心主题，由与此主题或活动相关的观念展开课程计划，在课程架构中寻求统合，追求与实际运用知识。其适切性表现为，知识的引发时机必须根据幼儿生活周边的主题、问题和活动情境对学科知识进行重新统整，知识的组织与统整必须置于幼儿个体、社会学习以及问题中心专题研究所形成的脉络中。这些组织中心的重复出现或统整对幼儿的学习更具有意义。课程统整唤起了知识学科中最重要的、最强有力的观念，并将其置于幼儿个人和社会非常关注的情境中，激发幼儿自由自在地在真实生活中广泛地界定问题，应用更宽广的知识范围来提升其意义。Dressel 指出："或许就某种程度而言，学生所知觉到的自身教育经验乃是相互关联的，

---

① Beane J A. 课程统整. 单文经等译. 上海：华东师范大学出版社，2003：18-19.

而且与日常的问题和经验也是相互关联的，因此，其校外所可能从事的活动，比其他任何单一项因素，更能鼓励他们整合地成长。"①教师要关注幼儿在家庭、社区所积累的碎片化经验对于理解知识与产生中心主题的价值，并引导幼儿通过有序地组织经验来建构生活的自我意义。

3. 关注现行意义学习的组织中心对幼儿精熟学习的价值

课程统整是以学习者直接的、持续的兴趣以及确信的未来需求来组织课程，以学习者的先前经验、有意义的脉络和整体概念的理论为基础，以儿童的兴趣、经验和发展作为统整引导和组织依据，以幼儿目前正在学习的组织中心来统整和运用知识。课程组织的主要知识运用应能反映出重要的自我及社会议题，并将知识置于生活化情境的脉络中重新统整，坚持课程统整必须通过幼儿的自我学习才能获得意义的建构。幼儿的学习来自幼儿共同世界的关系，这就要求幼儿从真实的、有意义的情境出发，在自己的生活与共同世界间建立不同的、具体的、主动的关系，引导幼儿更容易感受和体验到学习概念和技能的意义。

4. 课程实际方案的生成注重幼儿体验问题解决的民主过程

课程统整最重要的议题包括知识的实际应用，增加课程经验统整到儿童意义系统中的可能性。在组织课程经验和知识的过程中，知识所扮演的是一种资源供给者角色，提供主题情境、相关议题和活动的资源，重点在于和知识的应用有关的内容和活动，使儿童能够将统整的课程经验运用到其主观意义的建构中，并亲身体验解决问题的方法。Hopkins 主张，课程应以问题和经验为核心，由教师与儿童共同合作、共同计划。知识的统整是儿童获得个人统整和社会统整的关键所在，是"有意义教育"的重要一环。因此，每个幼儿有广泛接触知识的机会，统整学习成为幼儿生活中的部分经验。统整过去的经验能够帮助幼儿面对新的问题情境，或将新的经验和知识"统整"到幼儿原有的意义系统中加以应用。它的延展意义是幼儿借由问题中心焦点、知识的应用和参与知识的架构，形成民主生活的观念，为幼儿

---

① Beane J A. 课程统整. 单文经等译. 上海：华东师范大学出版社，2003：20.

成为民主的公民奠定理性的基础。

5. 幼儿参与课程设计，师幼协同完成课程统整

幼儿园课程统整的主题主要源于幼儿个人自我问题和世界的共同问题。课程统整的规划历程本身是以与幼儿有关的个人自我及世界领域的问题、关注焦点为主要依据，由幼儿本身所遭遇的问题或所关心的焦点自下而上建构而成。幼儿参与到教师的课程设计中，既可以增进知识与幼儿活动脉络的情境化机会，又贴近幼儿自己先前的经验，以师幼共同合作而认定的重大问题或议题为核心，建构自己关注的问题和议题，师幼共同生成课程，以此促成个人和社会的统整。而且，通过教师与幼儿协同组织课程，幼儿有机会提出他们接近知识与经验的做法与策略，并从对个体的自我关注转移到对世界的关注。在这一过程中，幼儿不仅能实现"去自我中心化"的目标，还能以获得直接的经验为桥梁进行个人兴趣与社会需要的统整。这也意味着幼儿通过学习去统整自身利益与世界共同利益，学习和接纳各种不同的观念与意见，逐渐学会理智地运用知识解决现实生活中的实质问题。

总之，幼儿园应提供一个有利于幼儿人格统整的环境，依据每个幼儿的身心需求，培养幼儿的人文关怀与和谐共处的态度，让幼儿在健全的成人辅导下利用协同合作的方式健康成长。

二、幼儿园整合课程内容统整的理论基础

课程统整是一种课程设计理论。课程设计是指课程的组织形式或结构。课程设计基于理论基础和方法技术两个层面：课程设计的"理论基础"是指课程设计的三大基础——学科、儿童和社会，据此产生平衡的课程；"方法技术"是指依照理论基础对课程的各要素——目标、内容、策略和评价进行安排。课程设计因教育观、课程观不同而呈现出多元化的特征。

课程的改革是对以往的课程组织进行改造而构建新的课程。纵观20世纪课程改革历程[①]：课程结构从分散趋于整合，课程内容从学术

---

① 高文. 现代教学的模式化研究. 济南：山东教育出版社，1998：7.

性转向生活性，课程的实施方式由"注入式"教学转变为尊重学习者自我活动的"启发式"教学。课程设计倾向于注重知识因素、社会因素和学习者因素，反映了课程的不同属性——文化属性、社会属性和人本属性，这些属性之间是相互联系、相互作用、辩证统一的。本书的"课程设计"是指以融人本属性和社会属性为主的整合课程统整，以幼儿的兴趣、需要和能力作为课程设计的核心，从社会现状去探究课程设计的组织中心，采取"工作单元"式组织形态，促使课程主动适应幼儿的成长。

（一）幼儿园整合课程内容统整的界定

课程内容不仅是为实现课程目标而要掌握的信息，还应是经过精心组织的、幼儿感兴趣的、有用并能掌握深层意义的信息，主要解决"教什么"和"学什么"的问题。克拉耶夫斯基指出，课程内容应类似于人的社会经验的成分，应包括客观世界的知识、活动方式的经验、创造性活动的经验、对待世界和客体的情感、评价态度的经验。[①]课程内容是实现课程价值的支柱和课程价值的具体化，对课程内容的不同理解影响着课程的设计和实施。

在对幼儿园整合课程内容统整过程中，课程内容的选择和组织首先要涉及对课程内容价值取向的探讨。第一种是"课程内容即教材"的价值取向。课程内容被视为教育者向儿童传递的知识，其内容作为预设的知识，具有较强的逻辑性和系统性，重点在于为教师编制教材，这是一种静态的内容观。第二种是"课程内容即学习活动"的价值取向。它关注儿童做什么，注重课程与社会生活的联系。如我国教育家陈鹤琴提出"大自然、大社会都是活教材"，强调儿童在学习活动中的主动性。课程设计者主张安排大量的多样化活动，让儿童在参与活动的过程中去探索和发展。第三种是"课程内容即学习经验"的价值取向，强调儿童是主动的学习者。儿童是否真正理解和获得学习内容，主要取决于儿童已有的心理结构以及儿童与环境之间有意义的交互作用，课程内容应由儿童决定。可见，"课程内容即学习活动"

---

① 沃·维·克拉耶夫斯基. 教学过程的理论基础. 王义高译. 南昌：江西教育出版社，1996：16-17.

和"课程内容即学习经验"的价值取向体现了一种动态的课程内容观。在课程内容的组织过程中，课程内容既有动态的也有静态的，其比例与儿童年龄相关，在幼儿阶段，课程的动态性内容所占比例较大，静态性课程内容的比例较小。

幼儿园课程内容的不同价值取向对课程内容的选择与统整具有决定性影响。本书的幼儿园整合课程内容倾向于动态的课程内容，注重对幼儿园"整合课程内容即学习活动"和"课程内容即学习经验"的价值取向进行统整，《幼儿园教育指导纲要（试行）》指出，幼儿园课程内容主要以各种活动为表现和组织形式，主要包含关于周围世界（包括自己）的浅显而基本的知识经验；关于基本活动方式（包括认识活动）的行动经验（"做"的经验）；关于发展智力、提高各种基本能力的经验；关于对待世界（包括自己）和活动的态度，即情意方面的经验。

课程内容组织在遵循连续性、顺序性和整合性的原则下，依据《幼儿园教育指导纲要（试行）》将幼儿园课程内容按照学科领域划分为"健康、社会、科学、艺术和语言"等五大领域，内容涉及与个体"在快乐的童年生活中获取有益于身心发展经验"有关的行动经验、情意经验和知识经验等，倾向于以动态的课程内容形态为主。据此，本书将"幼儿园整合课程内容统整"界定为"使同一个领域不同方面内容、不同领域的内容之间产生有机联系，甚至可以突破领域这一内容组织形式"。这里的"领域"是指在学科基础上的一种内容组织体系，其本身就是整合的结果。

课程内容的统整是幼儿园教育统整的主要表现，也是一种最基本的统整。它以课程目标的统整为前提，幼儿园课程目标为促进幼儿整体和谐发展，内容统整的目的是促进幼儿整体和谐发展。幼儿园课程内容本身具有全面性、生活性、经验性、启蒙性等特点，课程内容之间具有相互渗透性，从不同角度促进幼儿情感、态度、能力、知识、技能等方面的发展。幼儿园课程内容的划分可以有多种维度，每种划分都有其特定的适用范围。正如克拉斯沃尔所言："每一种分类系统都是一种抽象概念，仅仅是为了使用者的方便起见，才对各种现象做出任意划分，尤其是比较强调在使用者看来具有重要意义的现象的某些具体特征。在这些划分中，有些划分似乎是'合乎自然的'，因为他们是与已被归类的各种现象的容易觉察到的差别相对应的。"①以何种维度来划分课程内容，只是表明学习的范畴，而与课程内容的统整之间没有必然联系。幼儿园整合课程内容统整强调的是课程内容以什么形态呈现出来、教师以什么方式进行教与学。它不仅要求教师依据幼儿教育回归生活和快乐童年的教育理念以及结合整合课程价值，更应注重内容的纵向联系和横向联系，旨在支持与引导幼儿在学习过程中获得整体经验，促进幼儿的整体发展。

（二）幼儿园整合课程内容统整的理论依据

整合课程的基础划定了课程知识的疆界，限定了信息来源的有效构成，并由此提出有关课程领域的理论、原理和思想。本书关于整合课程统整的理论依据主要围绕知识观、社会学观、心理学观和教育生态观这进行阐释。

1. 知识观

课程所传递的知识及其背后的价值与意义，是整合课程统整中不可或缺的因子。知识是课程统整的重要来源，是课程的核心要素。课程统整者对知识的认识与判断是知识观在课程方面的映射，影响着课程的建构与发展。

从"什么知识最有价值"到"什么知识是有效的"的价值命题，是课程知识观的关键问题，而对这一问题的不同回答体现其不同的哲学观。整合课程统整的知识观以实用主义哲学为主要基础，其代表人物杜威指出："哲学就是教育的最一般方面的理论……因为哲学……就是明显地表述人生的各种兴趣，提出使多种兴趣实现更好平衡的观点与方法。即哲学承担着社会改造的使命，而这种使命的完成必须通过教育，从这个意义上说，教育乃是使哲学上的分歧具体化并受到检验的实验室。"②杜威的教育观和课程观是其哲学观的展开。

---

① D. R. 克拉斯沃尔. 教育目标分类学——情感分册. 施良方，张云高译. 上海：华东师范大学出版社，1989：5.

② Wood G H.Social foundations：Introduction to democracy and education.Teaching Education，1987，1（2）：64-67.

杜威以"经验"作为其哲学思想的基本概念，认为"经验"具有扩张性、生长性、相关性与预测性、多元性等特征，教育所产生的经验情境是个体与环境连续不断交互作用的一种历程，具有不确定性和变动性，生活是产生经验的情境、内容和关系的源泉。杜威提出："有一个基本的假定，就是在经验中存在着连续性以及经验具有连续性……如果不涉及在经验的发展中它所占据的特殊地位、所扮演的角色，而试图讨论思想的前提、材料、形式和对象，那么，就会得出这样的结果，它们与其说是真的，不如说是完全没有意义的。"[①] "学习"实际上是学习者和环境之间的交互作用，这种交互作用的基础是变化，学习者和环境都在不断变化着。因而，我们必须将知识置于实际发生的背景中去考察。

杜威的知识观以其哲学认识论为基础，关心认识过程的情境，以变化的过程和关系为基础。他指出："一场知识的革命已经发生……知识不再是凝固不变的东西。它是在社会自身的一切潮流中积极活动着。"[②] 他把知识看作是现实及其不断变化的过程，认为"知识不仅仅是我们现在意识到的东西，而且包含了解现在所发生的事情中有意识地运用的心理倾向"[③]。知识的流变性是因为知识在创造和学习过程中的经验连续不断改造，学习发生在解决问题的过程中，可以迁移到一个广泛的学科和情境中。理想的幼儿园整合课程是以儿童的经验和兴趣为基础，课程内容不是单一的学科或是单纯的学科组合，应具有跨学科的整合特征。这种跨学科的组织中心强调问题的解决，而不是要掌握已经组织好的科目内容，注重科学方法的应用，而不是对事实和某种观点的掌握。综上，杜威在实用主义认识论基础上阐述的知识观，融儿童、社会、知识于一体，是心理需要与社会需要、认识的统一性与完整性的有机整合，是各种因素处于一种动态的相互作用、相互联系之中的知识观，最终统整并体现在儿童身上。

2. 社会学观

社会是变化的源泉，学校是变化的力量，知识是变化的动因。课

---

① 转引自托马斯·E. 希尔. 现代知识论. 刘大椿等译. 北京：中国人民大学出版社，1989：399.

② 杜威. 杜威教育论著选. 赵祥麟、王承绪编译. 上海：华东师范大学出版社，1981：26.

③ 杜威. 民主主义与教育. 王承绪译. 北京：人民教育出版社，1990：205.

程因其保存、传递或重建社会文化的职能而对社会发展和人类文明产生作用。社会文化决定了个体的发展倾向，儿童的成长体现其不断接受文化价值的熏陶，确认社会符号和观念，并了解社会制度及其功能。因此，我们为幼儿设计的课程背后隐含着与社会文化、政治和经济制度等相适宜的基本假设和价值取向。

从社会学的视野来看，课程的整合必须寻求社会正义与遵循公平的原则。幼儿园整合课程统整与社会生活变化息息相关，尤其是 20世纪后半叶，随着人类社会的生活方式发生突变，在科技渗透到社会各领域，信息传播更为快速与广泛，知识更新速度加快的同时，人类社会问题也呈现出普遍性、整体性、复杂性、深刻性和严重性等特征。其解决过程需要人与人之间进行理解与合作。而且，社会权力的分配由集权走向分权，因社会权力分配的深层变化引发学校课程类型的转变。伯恩斯坦分析了这一变化与学校课程类型发展间的复杂关系，将知识按照分类的强弱分为"集合编码"和"整合编码"，进而把学校课程分为集合课程和整合课程，并认为课程设计趋于整合是改变社会权力结构的具体表现。世界各国的民主化、经济的市场化为文化的多元化和个人发展的多样性提供了合理的彰显空间。多元化是民主化的表现形式，是促进学校课程组织形式发生变化的重要社会动因。这必然要求学校的课程组织形式和内容发生变化，以满足学习者个性发展的多样性需求。

幼儿园整合课程统整是一种多元的、开放性的课程设计及理论，具有丰富性与回归性、关联性与严密性相统一的特点。其中，丰富性与回归性的统一是基于师幼学习共同体对课程意义的创作者和文本进行对话、解释、假设、反思，并对学科课程的核心概念提供研究的不同可能性和诠释，培养幼儿组织、联结和诠释整合课程组织中心的能力；关联性与严密性的统一意味着，幼儿园整合课程在结构上应关注不同文化背景的脉络关联，帮助幼儿去发现隐藏在文化现象背后的预定假设，引导幼儿反思并揭示潜在异质文化与同质文化的适切性，逐步确立自己的价值观、信仰、行为方式，构建个性化的儿童主体文化观。在幼儿园整合课程中，来自不同文化背景的儿童文化与经验被视为丰富的课程资源，课程内容被视为一个自我创生的开放系统，呈现出尊重多元、差异的特点。在幼儿园整合课程实施中，教师在创造丰富的文化内涵过程中，注重儿童与他人及组织的合作与互动、参与组织与组织间的互动。师幼透过彼此的对话来感知各种文化的改变与特质，促进他们相互了解、相互学习，认识彼此的差异；学习以不同的视野面对各种不同文化，尊重多元文化价值，培养儿童的自我适应性及其相关能力。

3. 心理学观

心理学为学习方法、材料、活动和教与学的过程提供了基础，并成为课程决策的推动力。而对儿童本身的研究是课程设计的动因之一，这种研究是对如何学习以及学习动机的有效方式的探索。杜威认为，心理学就是理解学习者个体与环境中的人与物进行交互作用的基础，这个交互过程贯穿了人的一生，并且交互作用的质量决定了学习的数量与类型。而个体学习的质量反映了课程的真正价值。简而言之，整合是个体自身所发生的过程，通过此过程使个体与各部分互相关联、建立关系、类化与合成；而课程整合正是儿童本身所发生的有意义学习。心理学为统整课程目标与儿童本身的内部条件的一致性提供了依据，并为选择和组织课程内容与儿童心理水平的适宜性，以及课程内容组织方式的合理性等提供了理论基础。

幼儿园整合课程统整主要受到儿童发展心理学和人本主义心理学的影响。心理学家认为，人类与人类的学习是其与周围环境交互作用及结果的总和。"发展心理学对于课程的影响在于，如何设计安排课程不应当以理想化的成人学习模式为基础，而应当以儿童不同的认识阶段，尤其是这些发展阶段的质的特征为基础。"[1]正如斯波代克所说，"对 20 世纪早期儿童课程具有最主要影响之一的是儿童发展理论"[2]。

儿童的成长与发展包括适应身体、认知和社会三大类，其过程是

---

[1] 从立新. 课程论理论基础的心理学转向. 北京师范大学学报（人文社科），2000（4）：25-30.

[2] 转引自 Fulton T L. Handbook of research on the education of young children by Bernard Spodek. Biochemical Journal, 1993, 33（1）: 128-129.

儿童学习的过程。皮亚杰根据儿童从出生到成熟的阶段来描述认知发展，提出了儿童智慧发展的四阶段假说，认为心智运算是继起的、连续的，这些阶段具有等级性，并形成了一个日益复杂且日趋完整的心智运算结构。这四个基本的认知阶段构成了皮亚杰"环境—经验"理论的基础。儿童的认知结构是通过主体与客体（环境）相互作用而形成的，环境体验是皮亚杰认知理论的关键。主体对环境的能动适应包括同化和顺应：儿童每遇到新事物，在认识中便试图用原有图式去同化，如获成功，便得到暂时认识上的平衡；反之，则做出调节，调整原有图式或创立新图式去同化新事物，直到达到认识上的平衡。认识上的平衡是已理解的事物与将要理解的事物之间获得平衡的过程，它是个体对外部环境的同化和顺应的双重过程。[1]

皮亚杰认为，主体与客体的相互作用，即主体动作，是一切经验和知识的来源。然而作为认识主体的儿童自身的思维结构是在与客体相互作用的活动过程中逐步建立、发展和完善的，它是一个动态的过程。儿童只有具备对早期创造出的关系的协调，才会有后期关系的创造，儿童早期建构的知识与以后所有的建构是不可分割的。凯斯根据自身对皮亚杰理论的理解，认为心理学框架应顺应并适合幼儿的活动才可能促进其智慧发展，儿童接受的教学应同其能够达到的智慧机能的类型相适应，教学所采取的一般方法应当能够促进儿童自我调节或建构的过程。[2]它应"为儿童提供丰富的学习环境和机会，鼓励儿童去思考、推理和解决问题"[3]。

以维果茨基为代表的理论流派十分重视社会文化对儿童发展的作用，反映了认知心理学从强调个体情境的发展到强调让儿童在情境中学习倾向的发展。在维果茨基的心智发展理论中，核心概念是"最近发展区"。"最近发展区"是指儿童独立行为水平与其依靠帮助解决问题所能达到的水平之间的差异，是说明"学习"与"发展"关系的重

---

① Piaget V J.The child's conception of physical causality（Victoria Hazlitt）. The Pedagogical Seminary and Journal of Genetic Psychology，1932，40（1）：243-249.

② 罗比·凯斯. 智慧的发展——种新皮亚杰主义理论. 吴庆麟，朱尚忠，袁军译. 上海：上海教育出版社，1994：42.

③ Porman G，Landry C. The constructivist perspective on early education：Applications to children's museums. In Roopnarine J L，et al.Approaches to Early Childhood Education（3rd ed.），Merrill，2000：159.

要概念，以"学习"主导"发展"，发展方面的状态并不影响儿童学习新信息的能力，学习则会促使儿童发展。该理论倡导把"最近发展区"的高端所展开的学习作为教育过程加以组织，认为"发展"首先是作为社会过程发生的，其次才是作为心理过程发生；学习和发展是有着复杂的内部联系的两个不同的过程。

课程实施过程是促进成人与儿童之间的"责任迁移"。对于儿童而言，学习过程是人际相互作用内化为儿童自己认知、社会交往的技能，它帮助儿童适应所处的外部世界和文化情境。根据维果茨基的理论，教师的整合课程的设计和实施应置于儿童最近发展区的独立行为水平与帮助行为水平之间，引导儿童获得各种类型的互动，包括其与相同水平同伴间的互动、与不同水平同伴的互动以及与教师的互动等。

社会建构主义学习理论是借助认知科学与文化人类学作为基础的心理学研究，并发展了文化心理学。它以人工智能的信息处理过程为对象发展起来的认知科学，使得从行为科学立场出发不能观测的认知与思维的过程及其构造有可能成为心理学的研究对象。文化人类学的方法为我们从社会广阔的背景角度探究认知与思维的文化意蕴开辟了道路。

社会建构主义学习理论视"学习"为意义与关系的建构，强调"学习"是以学习者自身的经验为前提来建构与实现，从认知维度、人际维度与自我维度这三种复合的实践来界定学习理论。建构主义者认为，学习过程不是学习者被动地接受知识，而是积极地建构知识的过程。它包含两方面的建构：一是对新信息的理解是通过运用已有的经验；二是从记忆系统中提取的信息本身，也要按具体情况进行建构，是对新信息意义的建构，同时也包括对原有经验的改造和重组。它鼓励学习者在学习过程中运用批判型思维，调动学习者的学习兴趣与动机等。这就要求幼儿园整合课程的设计紧紧围绕儿童的心理结构和心理发展的特点，让儿童通过自己的实践来建构知识、发展自我。

"人本主义心理学"的提出者马斯洛认为，教育目的是培养一个健康快乐的学习者，使其能获得成就，日趋成熟，最终达到自我实现。学习者应当为之奋斗的和教师在课堂情境中应强调的是个体的自我实现以及相伴随的满足感。他强调教育过程应关注正在体验的人，并由此把经验视为学习中的首要现象；强调以选择、创造性、价值、自我表现等人类特质来看待人，展示对人类尊严和价值的最大关怀，体现出对学习者个人之心理发展和人类潜能的兴趣。

另一位杰出代表罗杰斯提出了非指导性疗法学习（nondirective and therapeutic learning）。其理论受早期场论和场围论的影响，认为现实世界基于学习者所感知到的事物："人是根据知觉'图'来生活的，而这个知觉图并非现实本身。"①课程现实的概念应该使教师意识到不同儿童对某一具体体验的反应水平和类型不同。儿童的知觉是高度个人化的，影响儿童在课堂上的学习和行为。他把治疗看作是课程工作者和教师要利用的一种学习方法。他相信积极的人际关系能够使人成熟，因此，学习者之间的人际关系与认知分数同等重要。在非指导性教学中，教师扮演的是促进者角色，与学生保持密切的职业关系，并引导其走向成熟。在这种角色之下，教师帮助学生探究关于他们的生活、学校作业、与他人的关系及与社会的互动等方面的新思想。这种思想指导下的幼儿园整合课程关心的是课程实施的过程；是幼儿的个人需要，不是学科内容；是幼儿的心理意义，不是认知分数；是幼儿不断适应变化的环境（在时间与空间方面），不是预定的环境。

近年来，脑科学研究致力于揭示人类学习的方式与有效途径。脑科学研究揭示了智力是全脑功能状态的体现，大脑的完整发展本身需要多方面刺激，才能使各脑功能的神经细胞不断地形成复杂联系。大脑能够在相同时间内处理及组织众多事情，整合的经验有益于内容意义的建构。②而且，大脑具有空间记忆系统，可以快速检索已有的经验，这种记忆系统使人唤起的是完整的影像。这从一定程度上说明统整的经验、统整的知识所引发的幼儿统整学习是较为有效的学习方式，更有利于幼儿建构有益的内容与生活意义。

4. 教育生态观

教育生态学是美国哥伦比亚师范学院院长劳伦斯·克雷明于

① Roger C. Client Centered Therapy. Boston：Houghteon Mifflin，1951：458.
② Crowell S. A new way of thinking：The challenge of the future. Educational Leadership，1989，7（1）：60-63.

1976 年在《公关教育》中首先提出，它是教育学与生态学相互渗透的成果。教育生态学依据生态学原理，尤其是生态系统、生态平衡、协同进化等原理与机制，研究各种教育现象及其成因，进而掌握教育发展的规律，揭示教育发展趋势，即教育生态学是研究教育与其周围生态环境（包括自然、社会、规范、生理、心理）之间相互作用的规律与机理的科学。它将各种社会机构乃至整个社会看成是相互联系、相互制约的生态系统，认为探索各种社会机构的教育功能和作用以及这些机构之间的相互关系，建立平衡的教育生态系统，有益于提高教育效益。

　　布朗芬布伦纳等从人类发展生态观的立场出发，将人的行为和发展置于一个相互联系、相互影响和相互作用的稳定的生态系统之中，探究生态系统中的各种生态因子对人的行为和发展的作用，以及人与各种生态因子的交互作用。在整个文化或者亚文化及其所包含的较低层次的生态系统中，具体方面的表现可能差距很大，却具有内部的同源性。幼儿园课程统整的价值取向在很大程度上取决于儿童所处的社会文化，这是因为包括幼儿园课程在内的"各级生态系统所包含的情景类型、各情景内部所存在的活动、角色和人际关系、各情景之间联系的性质和范围，以及靠价值观念维系和支持的人的行为和组织，都与大系统是同源的，是受其制约的"[①]。以生态学观来看待儿童教育，就意味着将儿童置于不同的社会环境中，对儿童自身发展、儿童同周围环境的关系及其相互作用对儿童发展的影响进行研究。这些生态环境之间的相互作用直接影响着幼儿的身心发展，这些生态系统之间各因素作用的一致性是儿童良好发展的保障。这种观点反映到整合课程统整中，要求课程与儿童的微观生活相联系、课程与社会（社区）相联系以及课程之间相互联系，即课程应具有整合性。

　　幼儿园整合课程的课程设计体现了多元化、综合化、中心化的教育价值取向，课程统整自身就是一个系统工程，不断将社会、个人、所有事物的各种形式以及物质与精神生活上的各种情境相互碰撞在一起，诱发儿童思考。这个系统工程是由各个子系统组成，如各个主题

---

　　① 朱家雄，朱爱华等. 幼儿园环境与幼儿行为和发展的研究. 北京：世界图书出版公司，1996：78.

活动。这些子系统紧紧围绕着系统整体，通过相互影响或作用，使系统发挥整体功能，从而达到促进幼儿全面和谐发展的目的。

三、幼儿园整合课程内容统整的意义

（一）幼儿园整合课程内容统整的历史掠影

本书在历时态和共时态两方面对课程内容进行阐释的基础上，追溯幼儿园整合课程内容统整的发展进程。

课程统整运动是在统整纷繁多歧的学科分化的课程内容中逐渐发展起来。历史上第一次明确提出课程统整并对之进行系统理论建构的是赫尔巴特。他认为倘若各门学科和教材彼此分离、孤立，教学的统整就会丧失，而缺乏统整的教学不可能获得儿童人格整体发展，唯有以相关的原理作为整体表现出来的教材，才能有助于儿童形成完整的人格。

19 世纪初后半期，德国教育家赫尔巴特的追随者提出了学科关联的理念，可称之为"学习的统整"（integration studies）。至 20 世纪 20 年代中期，格式塔心理学派提出人格统整的概念，并认为人们会试图寻求行为与价值间、自我与环境间等的统合，于是"统整"产生了新的意义。1927 年，Meredith Smith 的论文对统整提出一个重要问题：某些特定的课程组织和做法是否有助于儿童与社会的统整？他认为统整的过程应以儿童中心课程为主，并以儿童的兴趣、经验和"发展"作为引导及组织依据。

19 世纪末至 20 世纪初，欧美各国以及日本等倡导"新教育"的教育改革家第一次将课程综合化运动推向了高潮。他们从儿童切身经验或乡土生活出发，研发出使科学知识统一于儿童活动之中的综合性课程，杜威的实用主义哲学为这种课程统整提供了主要的理论支撑。

20 世纪 50 年代之前课程内容的统整主要是"相关原理"与"经验原理"整合。针对偏颇的"合科教学"，德国出现了调和"合科教学"与赫尔巴特学派的相关综合的"学科群教学"和"文化科合科教学"。美国也开始走出以儿童中心主义至上的活动课程，汲取赫尔巴特"相关课程的综合"的积极因素，倡导实施赋予稳定方向与组织的"广域课程"和"核心课程"。

20 世纪下半叶以后，由于"冷战"时期的科技、经济、军事竞争，分科课程在世界范围内盛行了近 20 年，呼吁儿童整体发展的全域教育初见端倪。自 20 世纪 80 年代以来，世界课程理论发生了"范式转换"，开始走出"泰勒原理"的框束，基于多维视野来理解课程内容，倡导对课程领域进行"概念重建"，这就是所谓的"概念重建主义"课程理论。概念重建主义者对分科课程所追求的"工具理性"和所渗透的意识形态进行了深层反思与批判，这为课程统整的发展奠定了新的理论基础。这亦是继杜威之后，进行课程统整的又一次历史性进步，在某种程度上预示着课程统整的未来发展方向。

从历时态来看，即课程内容自身的发展变化而言，课程内容经历了"科层化"（bureaucratization）和"制度化"（insitutionalization）课程层面—实践课程层面—体验课程层面（experienced curriculum）的历史进程。科层化和制度化的课程内容被打上了深深的"科学技术文明"烙印，追求具有"科技理性"（technical-irationality）的现代教育特征，凸显出"课程内容即教材"的价值倾向，注重课程内容的价值与结构，以高效为目的。自泰勒以来，课程以开放的姿态奠定了现代课程的崭新理念，注重课程内容组织的连续性、顺序性和整合性等特征。其中，"连续性"是指课程的内容如何直线式陈述；"顺序性"是指课程的后继内容如何既以前面内容为基础，又为以后的内容奠定基础；"整合性"是指各种内容之间的横向联系，有利于儿童接受系统的、预成的知识体系。但泰勒原理的价值取向为科技理性，是现代大工业生产在教育领域内的映射。这种强调规模效益的课程观抹杀了个体的存在意义，将人的培养过程视为生产流水线上的一道道工序，其课程内容成为培养工业社会中的标准人的有力工具，正如杜威所言："在他高兴地尝着某些完全不同的东西的时候，吞下和消化一口不可口的食物。"①它隐藏了人类个体丰富的情感和不断实现自我、超越

① 杜威. 学校与社会：明日之学校. 赵祥麟，任钟印，吴志宏译. 北京：人民教育出版社，1994：133.

自我的价值追求。

20世纪初，杜威的实用主义在人类认识发展史上掀起空前的波澜，追求的是"实践理性"（practical rationality），又称"实践兴趣"（practical interests），即"通过与环境的相互作用而理解环境的人类基本兴趣"①。其核心是"理解"（understanding）——理解环境以便能与环境相互作用。这里的环境指围绕个人周围的一般自然环境和社会环境，主要指教育者精心选择和创设而成的"情境"：从错综复杂的社会生活和浩如烟海的社会文化中汲取精华，分阶段加以设计，并给予调节的一个净化的、简化的、平衡的教育环境，也就是课程内容的来源，它蕴涵着对民主的追求，是对传统教育中专制制度催生下的"工具理性"的反叛与创造。这种课程观认为，课程不是静态的物，而是教师、学生、教材、环境之间动态交互作用的"完整文化"（entire culture），是一个动态平衡的"生态系统"，教师与幼儿是课程意义的创造者和主体。在对课程内容的理解上崇尚"课程内容即经验"的价值取向，强调课程内容与幼儿发展特征相互适应，教师注重通过幼儿与环境之间的交互作用来促进课程内容被幼儿同化。但是，幼儿对"实践理性"的反思和批判精神不够，与追求主体自由的"解放理性"间存在较大距离。而"解放理性"（emancipatory rationality）是指人类对"解放"（emancipation）和"权力赋予"（empowerment）的基本兴趣，意味着"从外在于个体的存在中获得独立"，整合了个体的自主与责任，其核心是对主体的权力赋予，在课程内容理解方面倾向于"课程内容即活动、即发生的事情"，注重幼儿园整合课程的生成性，强调师幼的反省思维在课程内容组织中的重要价值。

从共时态而言，课程内容与课程实施活动中其他因素的横向比较来看，作为课程实施活动要素之一的课程内容是人类文化的积淀和衍生。但并非所有的人类文化都能成为课程内容，其中有一个去粗取精、去伪存真的过滤，它要求人类文化结构与学习者心理发展性结构的耦合。这种对文化的择定使之符合课程实施要求、社会需要和学习

① 虞永平. 幼儿园课程超载透析. 学前教育，2000（1）：7-8.

者身心发展的需要，是课程内容选择应当遵循的价值取向；或者说，课程内容的选择和组织受课程价值观的支配。从历时态看，课程内容乃是一种不断生成与建构的、发掘的文化资源。教师引导儿童在对人类优秀文明成果传承的基础上，学习者（包含教师、儿童）对课程内容的解读依据其生活阅历、经验水平、兴趣爱好不同而在深度和广度上有所不同。这表明课程内容蕴涵着解读与创造过程、方法以及特定的文化情境，成就了课程内容作为流动载体的发展变化的内在品质。

课程内容历经原初朴素的、混沌的、笼统的"合"到原子论、机械论的科技理性支配下的"分"，再到以人的解放为旨趣的"合"的否定之否定。它促使人们深刻地意识到，课程内容具有导向意义，即要培养何种规格的人才，就必须呈现出与之相适宜的课程内容。历史证明，课程内容是学科本位观、社会本位观、学习者本位观三者价值协调平衡的产物；课程内容的价值取向偏颇于任何一方面都是不足取的，极易造成个体在发展中的价值失衡；以分科课程为特征的学科本位观、以制度课程为特征的社会本位观和以实践课程为特征的儿童中心论的消极影响日趋明显。进入 21 世纪以来，世界各国课程改革的一个重要发展趋势是尊重学习者的主体意识，呼唤学习者的个性发展。这种课程观要求以学习者的经验为课程内容的主导取向，谋求学习者与学科知识、社会生活实践的整合。其途径在于：师生基于课程的整合从而达成经验的整合、知识的整合和社会的整合，即以真实世界中具有个人和社会意义的问题为组织中心，透过与知识应用有关的内容和活动，激发和支持儿童将课程经验整合到个性化的意义架构中，并亲身经验解决问题的方法，达成经验和知识的整合，从而实现儿童与社会整合的最高理想。

为此，整合课程旗帜鲜明地提出整合儿童的认知与情意两种元素，这是对分科课程的扬弃。因为只有当知识带着情感走进儿童的精神世界时，知识才真正具有生命力，知识才能为儿童拥有，而非占有。当然，我们强调整合课程内容的情感方面的同时，并不否定认知的重要，恰恰相反，情感只有在儿童充分认知的基础上才能升华。没有认知奢谈情感，无异于缘木求鱼；而没有情感，知识的堆积苍白得没有一丝血痕。因此，就课程内容而言，整合课程向培养"完整人格"的教育抱负迈进了一大步。由此可见，整合课程内容"统整"的实质隐含了部分与整体的种种对立与统一的关系，以儿童生活的逻辑组织课程内容，以儿童的兴趣为引导，促进学科领域内容的渗透及其与儿童生活全过程的有机整合，从而实现儿童的学习迁移与整体性发展。

从世界课程改革实践看，自 20 世纪 90 年代以来，课程整合成为世界学前教育改革的趋势。研究者开始依据"整体有机论"来思考课程统整。"整体有机论"认为，自然、社会、儿童是一种"整体有机统一"的关系。这种"整体有机统一"的性质是合乎个体的生活和经验逻辑，在每个主体的精神世界中具体表现为人的自然性、社会性与自主性的有机统一，是人的主体性发展的实质。在这里，自然、社会和儿童之间的二元对立得以消解，教育的终极目的直接指向儿童的新的主体性生成——儿童的自然性、社会性与自主性健全发展。这样一种新的主体教育观反映在课程的价值变迁中，推动课程由对知识的追求转向对意义的追求，由对工具理性的追求转向对价值理性的追求，由对认知、智能的追求转向对个性价值的追求，形成了新的课程价值取向，使课程统整进入一种全新境界。当代幼儿园整合课程内容统整是一种课程设计取向，其实质是使教育教学系统中分化了的各要素及各成分间形成有机联系的课程形态，旨在改善现有课程因学科分化而产生的隔离以及与幼儿现实生活相脱离的现象，帮助幼儿获得完整的学习经验。

在我国学前教育界的 20 世纪 20 年代，老一代教育家在对当时中国土地上盛行的"日本式"幼稚园、宗教式幼稚园等进行批判的基础上，明确地提出了儿童的经验或行动是幼儿园课程的表现形态，3—6 岁儿童的行动结构即幼儿园课程结构。陈鹤琴提出的"五指活动"就是对幼儿园课程内容整合的生动说明，主张幼儿园活动在整体上必须以儿童的生活和经验为基础，"要有目标，又要合于生活"，"用适应目前生活需要的方法，去达到将来生活中必会出现的事情"——

"整个教学法"。①张雪门依据杜威的"教育即生长""做、学、教合一"的思想，自 1931 年开始进行"行为课程"的系列研究，认为幼儿生活经验是一个整体，编制幼儿园课程时必须依据整体性原则、偏重直接经验与个体发展原则。幼儿园课程应紧密联系幼儿的生活经验，将各种科目变成幼儿整体生活的一面，构成一种有意义的整个活动，并依据自然和社会活动来展开，教师在引导幼儿活动的同时应尽量在活动中融入智能与情感的因素。②以上是我国最初对幼儿园整合课程内容统整进行研究的成果，在理论上确认了儿童发展的主体性和整体性，主张课程内容源于儿童生活，课程应包括儿童在幼儿园的一切活动，提出了课程内容应依据儿童的直接经验——活动和行动来组织。

　　然而，他们的课程论思想在中国现代幼儿教育实践中并未得到足够重视。相反，我国幼儿园教育在 20 世纪 50 年代一直受到苏联"分科教学"思想的影响，呈现出分科课程一统天下的局面。这一状况导致幼儿园课程内容的小学化、学科化倾向越来越严重。正是在此背景下，20 世纪 80 年代初，以南京师范大学赵寄石、唐淑等为先导，学前教育研究者在全国掀起一场以"综合教育"为旗帜的学前教育课程改革浪潮。

　　"综合教育"明确提出了"学科之间综合"的思想。这对于当时分科课程中各科内容重复交叉、学科之间缺乏联系的现状，具有针砭时弊的作用。从今天的视角看，当时的研究具有开创性意义，表现在它重新开始了在中国已中断达半个世纪之久的幼儿园课程研究，填补了当时幼儿园"教什么""怎样教"的实践空白。初步探索了幼儿园综合教育的结构，通过对教育内容的综合、手段的综合和过程的综合这三个方面的综合，构建了幼儿园综合教育的基本结构。可以说，综合教育研究在当时引领了全国学前教育改革的风气之先。之后"综合""主题""单元"等各式各样的课程组织形式在全国范围内遍地开花，冠以各种名称的综合性课程模式如雨后春笋般出现，其实质是对半个世纪以来幼儿园分科教学模式的集中反思和批判。

① 北京市教育科学研究所. 陈鹤琴全集（第二卷）. 南京：江苏教育出版社，1989：66-69.
② 王春燕. 张雪门幼稚园行为课程及其现代意义. 华东师范大学学报（教育科学版），2008，26（4）：73-78.

　　同时，20 世纪 80 年代以来的综合教育研究及其实践也存在着一些问题，突出表现为综合的拼凑形式与学科为本的课程理念之间存在巨大反差。在实践中，我们常常看到"为综合而综合"的活动：有的教师简单地把不同学科的活动拼凑成综合教育活动，而丝毫不考虑这些不同内容、形式和手段之间的内在联系。例如，"秋天"的主题，由和秋天有关的各科活动综合而成：认识秋天的水果、画秋天的菊花、唱落叶的歌……而在每一个具体的教育活动中，我们仍能清晰地看到分科教学的"影子"。甚至在一个教学活动中，也要想方设法体现学科的综合，例如，在短短不到 30 分钟"认识菊花"的教学活动中，教师不仅要让孩子观察菊花、说菊花，还要数菊花、画菊花……然而在纷繁的组织形式背后，一些本应落实的学科领域目标却消失殆尽。这些不适当的做法使人们对"综合"的意义产生了困惑：综合仅仅是一种形式吗？与学科性活动相比，其优越性何在？综合活动是否一定需要排斥学科性活动？学科性活动在幼儿园教育中具有存在的价值吗？

　　基于此，人们逐渐意识到幼儿园课程内容的统整要从社会和儿童的现实生活出发，按照儿童认识事物的线索或解决问题的线索去考虑学科内部知识的整合或学科之间的整合，即从儿童的需要出发，按照儿童现实生活与可能生活的组成部分去考虑领域与儿童活动的整合；同时从社会的需要出发，按社会实践的领域和相关内容去考虑儿童探究与社会实践的整合。

　　2001 年国家教育部颁布的《幼儿园教育指导纲要（试行）》在国家层面上基于整体性教育观的角度，对包括幼儿园课程在内的幼儿园教育进行了宏观指导，规定了幼儿园教育的总目标、内容和实施原则，要求地方政府制定指导意见，要求幼儿园教育要引导儿童以整体感知与表现的方式去建立对世界整体的认识。其课程的价值取向从强调教师从教授学业知识与技能转化为强调幼儿的发展与一般能力的获得，加之对国外各种整合课程理论与模式的系统引进和合理借鉴，我国幼儿园整合课程及其内容统整的研究和实践有了长足发展，逐渐从课程形式上的狭隘片面、支离破碎的内容整合中走出来，迈向在观念、目标、内容、资源等多层面教育要素的有机整合的"新整合观"。在此观念指引下，南京师范大学与北京师范大学等相继推出了所开发的幼儿园整合课程教材，成为目前关于幼儿园整合课程内容统整研究和转化的实践成果。

2012 年 9 月教育部颁布的《3—6 岁儿童学习与发展指南（试行）》，基于个体终身发展必备的核心素养与需要获得的核心经验，确定了相对划分的五大领域及其核心经验，要求幼儿园树立与贯彻整合性幼儿园课程观——依据个体需要具备的核心经验进行经验解构，并将其需要获得的经验转化为适宜的幼儿园环境和操作性材料，以及幼儿通过多感官参与和探究的过程。这种新的课程整合观主张幼儿园整合课程内容应包括幼儿在幼儿园的一切活动，以及在教师指导下所获得的系列经验；在内容组织上注重教育环境的创设，并充分利用大自然、大社会有计划地开展丰富多彩的教育活动和游戏活动；引导幼儿在活动中充分运用各种身体器官与借助各种手段增强直接体验，从而获得发展智力，提高认识世界、适应社会及人际交往的能力。

（二）幼儿园整合课程内容统整的价值

目标与价值是两个紧密相关的范畴，"课程只不过是将目标与价值写于书面之上"。课程价值是教育价值在教育活动内在诸要素方面的具体体现，也是教育价值理论发展的新的生长点。幼儿园课程有其自身结构和特点，因而也呈现出其特有的属性，即与其他阶段相比，幼儿园课程的核心价值是幼儿发展，幼儿园整合课程的内容统整以实现幼儿整体发展为目标。

幼儿园整合课程内容统整往往会被以下问题所困扰：应对什么教育内容进行统整？怎样进行整合？如何将知识与生活、经验整合为一体？从不同的视角或立场出发对这些问题进行不同的回答，是开发整合课程诸多范式的基础。整合课程的开发者在儿童观、发展观、教育观、课程观和知识观上的不同，使其在内容统整的价值取向上各有侧重，进而使其开发的整合课程范式在内容选取与整合方式上各有特色。但是，无论课程开发者的价值取向如何，他们对课程内容进行整合的目标是一致的：实现幼儿的整体发展。

内容统整是幼儿教育最基本的整合，内容统整能够促进幼儿在经验化学习中获得整体性、和谐性发展。

首先，幼儿园整合课程内容统整是幼儿教育整体观的体现。幼儿教育无论是作为人类的一种活动还是作为一种社会现象，都是一个整体。而且，幼儿的发展是整体性的、全面性的，因此幼儿教育应注重整体地、全面地促进幼儿发展。正是基于这种幼儿发展观，幼儿园整合课程内容的选择与组织涵盖人、自然与社会，身体、语言、认知、技能与情感等内容，并把它们视为不可分割的整体，充分挖掘和利用各领域内部及各领域之间的内在联系，可以通过学科领域的整合、发展方面的整合、专题的整合和通过幼儿园环境的整合等方式，对课程内容进行合理的、有效的整合，实现幼儿的整体教育。

幼儿一日生活中的各项活动都是幼儿学习的内容，都对幼儿发展具有重要价值，因此应有机地整合各项活动，努力提高各项活动的整体成效。幼儿园整合课程内容统整关注幼儿一日生活中的各类活动，并在各类活动之间建立有机的联系，发挥这些活动的互补作用，让幼儿在生活中学习，在游戏中学习，使一日生活成为一个真正的教育整体。幼儿主要是通过生活及其他活动来学习，这些活动尤其是生活活动，往往是各种经验的高度整合。这些经验和活动涉及多方面的学习内容，具有促进幼儿多方面发展的价值。教育资源蕴涵了多种教育内容，所以幼儿教育应充分发挥各种教育资源的整体性影响，对教育资源进行整合。这有利于扩展幼儿教育的空间，丰富幼儿教育的方法、形式和手段，使幼儿教育形成一个系统，使各种因素发挥整体影响，以提高教育成效，有效地促进幼儿发展。

其次，幼儿园整合课程内容统整有利于解决幼儿园课程超载的问题。面对科技发展、知识激增的现实，课程体系中的科目以及各门学科内部知识容量的有限性，使得课程超载已成为干扰幼儿园课程价值实现的重要问题，因而，及时地吐故纳新是课程建设必须解决的问题。"课程超载是一种比喻，以此说明课程说包含的价值、目标及相应的内容超过了一定的界限，这一界限在不同的课程分析框架中是有所不同的。"①幼儿园课程超载在量上表现为在既定时间里不能按

① 虞永平. 幼儿园课程超载透析. 学前教育，2000（1）：7-8.

质、保量地完成课程内容的实施任务。幼儿园课程的超载是从课程目标、内容对特定学习者的适宜程度来讨论，表现为课程目标和内容并不适宜于幼儿的学习特点和水平。幼儿园课程超载的实质是课程价值的偏倾和不平衡，具体表现为：课程体系中的学科或领域不断增添或分化，而没有或较少对学科或领域目标和内容间的联系进行全面的梳理、调整；在特定的学科或领域中，原有的课程内容不断扩展、深化；在一些幼儿园中部分课程内容出现了独立化趋势；有些幼儿园在课程实践中过度追求真实、精确，从活动材料、操作方式及活动规范等方面增加对幼儿来说非必需的、也并没有多大发展价值的操作性和规范性知识，造成幼儿园课程超载。

幼儿园整合课程通过内容统整达到幼儿园课程平衡，实现幼儿园课程价值平衡。从教育学角度来看，课程内容统整是指由教师或课程专家所指导的教学活动及对学习者内容的规划，在这些活动与规划中，将不同的科目联系起来，安排成许多学习单元或解决问题的情境。幼儿园整合课程内容统整摆脱了传统分科课程以孤立、单纯地认识自然界和社会为主要内容的束缚，而更加强调课程内容的"生活化"、"情境化"和"综合化"等特点；并通过对课程知识与生活实践、各种经验方式、课程内容与小学阶段课程以及幼儿家庭教育内容进行动态平衡，使其结构体系既具有严密性也具有相对灵活性，为课程内容的重构创造了条件；特别是那些新的跨学科教育内容，通过幼儿园整合课程内容统整使课程具有高度的概括性和包容性，从而可以容纳较多的新内容，及时反映科技的新动态。这既有助于减少课程门类、避免重复、减轻学习负担，又有助于拓宽儿童的视野，使幼儿学会主动求知的方法，促进全体儿童生动活泼地发展，对实施素质教育有着十分重要的现实意义。

最后，有利于统整幼儿的知识、能力与情感，促进其知情意协调发展。从心理学角度来看，统整是一种个体自身所发生的过程，通过这个过程，使个体各部分相互关联、建立关系、类化与合成。正如布卢姆等指出，人的心理结构是一个全面的有机整体，由认知系统、情意系统和操作系统组成。这三大系统之间相互联系、相互依存，构成一个有机整体。认知系统作用于情意系统，是情意系统理性化的来源，情意系统作用于认知系统，则使认知系统有了动力支持；情意系统与操作系统之间又构成了作用与反馈强化的关系，情意系统作用于操作系统，而操作系统反馈于情意系统，使其发生调节性变化。总之，人的心理结构实质上就是一个动态变化的、系统的结构性整体。而幼儿园课程是一个有组织的经验系统，经验化是幼儿园课程的组织特征。活动化、操作化是幼儿园课程的实践特征。因此，在一定程度上说，幼儿园课程是指幼儿自生命开始，所有本身能领悟的现象与内容，而课程统整是指幼儿个体本身所建构的意义学习，它与个体的心理结构相适应。

幼儿园整合课程内容统整符合幼儿学习的生命特性。兴趣是幼儿学习和发展的动力，幼儿对感兴趣的事物进行主动探究的欲望较强烈。幼儿天生具有好奇心，对许多事物感兴趣、爱探索。正如杜威所说，儿童有调查和探究的本能。幼儿感兴趣的事物和想要探究的问题本身就已隐含着教育所要追求的乐学价值和目标，幼儿园整合课程内容统整应从幼儿的好奇心和探究兴趣出发，利用幼儿感兴趣的事物和想要探究的问题，扩展和生成幼儿课程的新内容和活动，使得课程内容具有灵活、机智的生成特征。从哲学角度来看，幼儿园课程统整即指不断地将社会、个人、所有事物、各种形式的运作以及物质与精神生活上的各种环境在一起相互碰撞，以帮助思考及行为准则演化至具有更高的整合层次。这一整合过程是从弘扬人的"主体性"出发，以人为中心，以"经验"和"活动"为载体，围绕"人、自然与社会"和"知识、技能、情感与态度"构建其内容体系，能够增强儿童对世界的整体认识能力和横向思维能力，促进知识、技能和情意的迁移，使幼儿理解学习的实际含义，获得终身学习、持续发展的动力机制。

在终身教育理念和可持续发展观的指导下，幼儿园整合课程内容统整在实现全面和谐发展的幼儿教育价值追求中也必然要体现其全新的价值选择。它所体现的价值取向正面临着从表层向深层变革。可持续发展作为一种全新的发展观，以全球的观点和社会整体发展的观点为立论依据，强调人与自然、人与社会的持续、协调、整体发展。它把人作为发展的主体，以人的素质提高和能力的发挥为实现条件，以人的身心和谐发展为核心内容，以人的幸福和人的全面发展为最终目的。《学会生存》指出，我们再也不能刻苦地一劳永逸地获取知识了，而需要终身学习如何去建立一个不断演进的知识体系——"学会生存"。①而《教育——财富蕴藏其中》更是明确提出将乐学、会学作为具有终身发展价值的教育目标，认为这种学习更多的是为了掌握认识的手段，也可将其视为一种人生目的。作为手段，它应使学生个人学会了解他周围的世界，至少是他能够有尊严地生活，能够发展自己的专业能力和交往。作为目的，其基础是乐于理解、认识和发现。②基于此，幼儿园整合课程内容统整应注重幼儿"乐学"与"会学"这种深层而长远的教育价值。

第二节　幼儿园整合课程内容统整的特点与方式

一、幼儿园整合课程内容统整的依据

随着全球知识总量的迅猛增加，幼儿园课程不断增添新知识而缺乏整合，幼儿园课程内容超载现象日益严重。面对知识时代的挑战，我们如何让儿童有效地获取这些知识？解决的途径首先是要明确哪些知识对于儿童构建可能的生活世界是必要的，然后根据学习者的不同特点重构幼儿园课程体系，创建相应的教学模式。

基于幼儿的生活世界不同于纯粹的学科知识世界，幼儿园整合课程设计以社会的重要问题和儿童的学习兴趣、需要作为整合中心，而不是以学科作为整合中心。成为整合中心的问题本身并不属于某一学科，只有在解决问题的过程中我们才会借助于某个学科的概念体系或思维方式，去展开系列活动。幼儿园整合课程内容统整也是一种课程

---

　　①　联合国教科文组织国际教育发展委员会. 学会生存：教育世界的今天和明天. 华东师范大学比较教育研究所译. 北京：教育科学出版社，1996：8.
　　②　联合国教科文组织. 教育——财富蕴藏其中. 联合国教科文组织总部中文科译. 北京：教育科学出版社，1996：6.

设计，它与幼儿生活存在多方面、多层次的联系。过去的幼儿园课程设计总是在理性知识价值与儿童价值本位之间摇摆，未能处理好科学世界与生活世界、儿童的现实生活与可能生活的关系。过去的幼儿园课程设计大多只关注认知，不重视幼儿的情感与感悟，而认知、情感、感悟是幼儿生活的三大要素，缺一不可。因而，过去的幼儿园分科课程偏重科学世界，强调一种分析的单一的思维方式，趋向单一的理性生活，脱离现实生活，缺乏对幼儿快乐童年生活的合理构建，不能满足幼儿完满精神生活的需要。整合课程内容统整注重认知、体验、感悟等生活形式的统一，现实生活与可能生活、科学世界与生活世界的结合，通过课程内容统整真正赋予幼儿生活的意义和生命价值，要求教师主动关注儿童整体性发展，建构有意义的学习方式，让幼儿成为学习活动的主体、个体生活的主体和社会活动的主体，重建幼儿完满的精神生活。

幼儿的发展是整体性的、全面性的，因此幼儿教育应注重儿童发展的整体性和全面性。正是持有这种幼儿发展观，使得幼儿园整合课程内容的选择与组织涵盖人、自然与社会，身体、语言、认知、技能与情感等各方面，通过内容统整使其贴近时代、贴近生活、贴近社会和贴近幼儿，将之作为不可分割的整体。因此，本书着重从儿童获得整体性发展的角度来探讨幼儿园整合课程进行内容统整的依据。

（一）幼儿的生活世界是一个整体

幼儿的生活世界是一个整体，包括幼儿的个人生活、与幼儿紧密相关的社会生活。幼儿的社会生活主要包括幼儿园生活、与幼儿社会生活密切相关的家庭生活。幼儿的个人生活充满发展的契机，且是生动的、感性的，幼儿园生活是幼儿个人生活和社会生活的契合点，它既能反映社会的需要，也能体现幼儿的需要。

幼儿教育具有生活性特点，幼儿的生活是幼儿园课程整合的基点。罗曼·罗兰指出，"人生第一要尽本分"①，人生的本分是生活。

---

① 孙悦，孙逢万. 永不被生活俘虏——罗曼·罗兰如是说. 上海：上海文艺出版社，1994：57.

"生活，这是一切书籍中第一本重要的书。"①由此可见，儿童的生活具有极高的教育价值。杜威认为，"儿童的社会生活是他的一切训练或生长的集中或相互联系的基础"②。"学校科目相互联系的真正中心，不是科学，不是文学，不是历史，不是地理而是儿童本身的社会生活。他们认识的对象是生活中熟悉的事物，他们研究和探索的问题是来自生活的问题。"③幼儿园课程是一个具有特定社会、文化背景和很强时代感的概念，是一种儿童生活史的代码，与生活紧密联系，是社会生活在幼儿园教育中的反映。社会生活是幼儿主动参与的过程，是由许多带有历史规范和准则塑造而成的经验整合，那些规则又是每个幼儿都必须在其中成长所需的风俗、知识和制度所规定。因而，应该遵从生活的逻辑，而不是学科的逻辑来对幼儿进行教育。《幼儿园教育指导纲要（试行）》明确指出，幼儿园教育活动的组织应注重综合性、生活性和趣味性，还原幼儿生活的完整性、生动性和丰富性。

（二）幼儿认识世界的方式具有整体性

幼儿园教育是以 3—6 岁的幼儿为对象，幼儿身心发展特点和学习特点决定了幼儿教育必须是整体性教育，幼儿教育需要高度的整合。人的心理结构实质上是一个动态变化的、系统的结构性整体，儿童的学习活动是认知、情意和动作的有机整合过程。幼儿精神的整体化是天赋的，展示出童年生命与成长中不同于成人的天性与特质，幼儿的心理发展水平决定了儿童以审美与感性、朦胧与诗意、本真与自然的整体方式认识文化世界，赋予自身的生活与文化以独特的人文取向和性情化的浪漫主义色彩，这是幼儿童年天性的表达和个体精神发育的根基。因此，对幼儿教育而言，尽可能地理解、尊重与顺应整体化的儿童精神，表现出幼儿园课程对幼儿童年生命体验和人格素养的立体式关注，加强课程内容的统整性，注重全面启蒙的教育是一种生活化及活动型的教育。皮亚杰指出，作为认识主体的儿童自身的思维

---

① 孙悦，孙逢万. 永不被生活俘虏——罗曼·罗兰如是说. 上海：上海文艺出版社，1994：79.

② 杜威. 民主主义与教育. 王承绪译. 北京：人民教育出版社，1990：68.

③ 杜威. 我的教育信条//王承绪，赵祥麟编译. 西方现代教育论著选. 北京：人民教育出版社，2001：57-58.

结构是在与客体相互作用的活动过程中逐步建立、发展和完善的，是一个动态过程。

幼儿的学习是一种整合性学习，以整体性的心智参与教育活动。在儿童世界里，工作和游戏、生活世界与科学世界融为一体，科学的观察和艺术的想象同等重要。幼儿以一种艺术的眼光来看待面前的事物，科学不仅是幼儿对自然的认识，还是一种逻辑理性；不仅是幼儿对自然的欣赏和审美，还是一种人与自然对话的方式，严谨的表达和创造性表现相得益彰。因此，幼儿园整合课程内容统整的设计应符合幼儿的认知发展规律，紧紧围绕幼儿的心理结构和心理发展特点，将幼儿原本具有的艺术精神、艺术化的思维方式渗透于课程内容整合之中，并赋予其重要的价值。而且，每个幼儿通过自己的实践与生活来建构知识、包容他人的不同思维方式，获得一种整体性经验。

（三）幼儿终身发展的整体性

21 世纪的幼儿教育价值追求幼儿的全面和谐发展，以终身教育思想和可持续发展观为出发点。从个体终身发展的视角出发，终身教育以社会发展和人的潜力实现为最终目的。幼儿教育是个体教育的起始阶段，要为人一生的学习和发展奠定基础，这一基础是指幼儿身心和谐发展、全面素质的形成与提高，而学习贯穿个体人生的全过程，成为每个人生活中的一部分。

可持续发展观以全球观和社会整体发展观为依据，强调人与自然、人与社会的持续、协调、整体发展。可持续发展观是幼儿园教育发展的重要指导思想，立足于幼儿教育本体、以科学的人学理论为指导，把幼儿作为发展主体；以幼儿的素质提高和能力发挥为实现条件；以幼儿的身心和谐发展为核心内容，坚持知识、技能、态度、情感、行为等多维度协调发展的课程标准；以培养"完整的幼儿"为宗旨，要求幼儿教育为幼儿一生发展奠定最初的、全面素质发展的基础；以幼儿的幸福和其一生的持续发展为最终目的。

在终身教育思想和可持续发展观理论指导下，幼儿园整合课程内容统整在实现和谐发展的幼儿教育价值追求中，从对学科关注转向关注幼儿整体，幼儿生活的整体，趋于一种完整意义上的科学教育观。

二、幼儿园整合课程内容统整原则

（一）在生活化的浅显性课程内容中实现整合

幼儿园课程是为幼儿设计和组织的，幼儿正处于身心发展的特殊时期，其思维处于直觉行动和具体形象思维阶段，对于幼儿来说，最有效的学习就是他们感兴趣的学习，最有效的学习内容就是他们可以感知的、具体形象的内容。这种学习内容主要源自儿童周围的现实生活，儿童周围的生活具有丰富多彩、广泛多维的特征，生活中潜藏着大量的有利于幼儿发展的机遇。幼儿在这些生活情境中，通过交往、参与、探究方式获得知识，发展动作、技能和情感，初步形成幼儿的个性。因此，幼儿园整合课程内容越接近幼儿的现实生活，越能激发幼儿的学习兴趣。由于幼儿的现实生活是一个多方面的、多层次的、复杂的生态系统，因此，幼儿园课程设计必须对生活中的经验进行过滤、整合，使之成为具有明确的组织中心的课程议题。这些课程议题的内容基于幼儿阶段的主要活动，即生活和游戏，并以幼儿生活的逻辑为中心，构建多样化的、感性化的、趣味化的主题活动。幼儿园课程的生活性意味着幼儿园整合课程的内容不是简单的学科知识再现，而是随着生活情境的变化而发生变化的。幼儿的兴趣是确定整合课程内容统整的重要依据。

（二）在整体性的课程内容结构中实现整合

幼儿园整合课程以幼儿的兴趣为引导，按照幼儿的生活逻辑进行组织，因此，幼儿园整合课程不能以成人确定的系统的学科知识加以组织和整合。从幼儿发展的角度看，幼儿的多个发展领域之间相互联系、相互促进，使幼儿以"完整的人"出现在生活世界中。当幼儿进行整合性的、有意义的主题探究时，他们将园内外的各类经验进行凝聚，以全人的面貌面对完整的生活。因此，幼儿园整合课程的内容统整包括社会与情绪发展、语言发展、认知发展、体能发展和审美观发展方面的内容，不能以学科、领域来划分幼儿的经验或以单一性经验作为幼儿活动起点，应尽可能地促进不同的课程内容之间产生联系，减少幼儿在不同学科学习活动中转换时间的次数，促进幼儿学习时间的连贯性，削弱幼儿突然转换的机会，促进幼儿学习的正向迁移。

（三）在多样化的活动组织中实现整合

课程整合的目的是让课程内容与幼儿之间发生有意义的联系，让幼儿亲身体验将学科整合起来探讨某一主题的过程，最终在现实的、多样化的活动组织中加以实现。因而，课程内容的整合程度影响着活动开展的适宜性。

适宜的活动可以促进幼儿全身心投入，是融目标、内容、环境、材料及方式、方法等基本活动要素的有机结合和合理组合，形成一个合理整合的活动组织形态，实现真正的活动整合。因此，幼儿活动组织的重要的途径之一就是对幼儿活动的内容进行开发和创新，活动的开发和创新不在于对幼儿课程名称、课程材料的表面进行修改或装饰，而在于活动能真正引发幼儿参与的兴趣，符合幼儿发展的需要，引发幼儿的操作、探究和体验，与幼儿已有的经验建立一定的联系。由此可见，对于幼儿经验与现实生活，需要与兴趣的了解是活动开发和创新的基础。因此，幼儿园课程整合应从幼儿的学习特点出发，在课程预设中要充分挖掘和利用现实生活中广泛的教育资源，开发形式多样、新颖灵活、富有趣味的幼儿活动；同时，在活动实施过程中，教师从有利于幼儿的学习与发展的角度及时捕捉到可生成的资源并对可生成的资源做出判断，能够引发幼儿活动各要素间的有机整合，有效地促进幼儿身心发展。而且幼儿的学习过程是其语言、思想与行动以及认知、情感与个性共同参与的过程，故在幼儿园课程整合的实施中应提倡幼儿通过调查、访问、参观和观察、阅读、交流和讨论等形式，发现知识之间的关联；在活动中培养幼儿合作的观念与态度，发现知识与自我、社会及周围世界的关系；避免只站在领域知识的基点上，无视幼儿的需要和兴趣来选择和组织活动的现象。

幼儿园课程活动的目标、内容和方法等生成过程，从一定意义上说，就是幼儿园课程活动目标、内容与方法、形式及手段等的整合。幼儿活动的情境是不断变化的，其形式与当前活动有紧密联系，有机地整合情境内部各要素对幼儿发展具有重要价值。在课程活动过程中，教师与幼儿不断地探索新的活动内容，把活动不断引向深入。因此，幼儿园课程活动需要营造一个有利于活动生成的氛围，要求教师具有一定的生成意识与生成能力，接纳与包容幼儿在活动中新的需要、新的兴趣、新的发现。只有这样，活动的生成才能得以实现，计划与非计划的活动才能进行整合，这有利于幼儿已有经验与新经验实现完满地整合。

三、幼儿园整合课程内容统整的特点

幼儿园课程具有目标的全面性与启蒙性，内容的浅显性与生活性，结构的整体性与整合性，实施的活动性、经验性、特殊性与不可替代性等特点。①可见，整合是幼儿园课程的共同特性，经验的整合是幼儿园课程内容统整的核心。幼儿园整合课程具有整体复合性、文化生成性和课程话语的个体性等特征，教师应遵循幼儿身心发展的整体性特点，其内容统整具有主体性与发展性统一、人文性与科学性统一、情境性与生活化统一、活动性与生成性统一、情意性与经验性统一、整体性与人文性统一、家园性与信息化统一的特征。

（一）主体性与发展性的统一

进行主体性教育，发展学习者的主体性，是当代哲学和教育发展的主旋律。主体性是人作为活动主体在与客体的对象性活动中表现出的能动性、自主性和行为性，是人之为人的本质属性。幼儿不仅具有自己独特的人格，而且是一个具有主体性的、正在发展中的完整个体。幼儿与物的操作性活动、与人的社会交往活动、认识自我及发展自我的自我意识活动，以及幼儿对待世界和客体的情感、师幼间所建构的心理氛围是整合课程内容的有机组成部分。因而，幼儿园整合课程内容统整的主体性特征表现为课程的内容统整，即以幼儿与环境及自我交互作用的对象性活动为主线，重视课程中人的因素，将预设课

---

① 虞永平. 学前教育学. 苏州：苏州大学出版社，2001：81-83.

程内容与幼儿感兴趣、需要关注的问题以及与之随机生成的课程内容进行整合，其核心是激励幼儿的求知欲与思考力，唤起幼儿关注周围环境中有趣的事物与现象，幼儿通过观察与操作、探索与自我认可的活动进行内化与外化的互动转化，发展其生命灵性与创造性。正如兰德曼所言："人必须靠自己完成自己，必须决定自己要成为某种特定的东西，必须力求解决他要靠自己的努力对自己解决的问题。他不仅可能，而且必须是创造性的。创造性完全不限于少数人的少数活动；它作为一种必然性，根植于人本身存在的结构中。"①这一过程说明人在双重意义上是自由的，一方面人在本能的统治下获得自由，另一方面又在趋于创造性的自我决定中走向自由。马克思认为自由是生命的本质——"人的生命的自由表现"②。而人的自由是以活动为基础，"在这种活动中，人成为越来越自由的人"③，这意味着儿童的生命发展只能靠儿童自己来实现，儿童是活动过程中的自由主体，在活动过程中体现了人性的真善美、合规律与合目的的统一等特征。幼儿园教育活动是儿童自我建构的实践活动，其目的是促使儿童的自由发展。幼儿园课程是实现教育目的的关键，以幼儿获得直接经验为主，而直接经验必须通过幼儿的活动才能获得。而且，课程内容统整需要通过活动来体现，故幼儿园课程内容统整是以儿童主动学习为课程统整的中心假设，幼儿可以自由选择各项活动、操作的材料和程序。其旨在促进幼儿自由交往与活动组织形式有较强的独立性，能展现幼儿的能动性、自主性和创新性。

幼儿园整合课程十分注重课程内容的有机联系和教育影响的整体性。从整合机制来看，幼儿园整合课程内容统整主要分为领域整合和主题模式整合。这就要求课程内容统整的领域和主题网络必须是幼儿感兴趣的、贴近幼儿现实生活的内容，鼓励幼儿自愿地、积极主动地参与课程实施。据此，幼儿园整合课程内容统整从个体生命不断成长角度出发确定课程内容统整，以幼儿主体性生长为核心，以幼儿的直接兴趣和本能作为选择课程内容的基础，选择"适应生长的有价值的

---

① M. 兰德曼. 哲学人类学. 阎嘉译. 贵阳：贵州人民出版社，1988：228-229.
② 马克思，恩格斯. 马克思恩格斯全集（第21卷）. 中共中央马克思恩格斯列宁斯大林著作编译局译. 北京：人民出版社，1979：254.
③ 冯契. 人的自由和真善美. 上海：华东师范大学出版社，1996：112.

材料"，通过主题网络或项目活动来实现课程内容、手段与过程的统一。同时，课程内容统整后的呈现需要教师把文本材料的内容转化为教师自身的主体性"语言"，这种主体化的语言蕴含儿童的童趣和童真，是幼儿建构意义和建构生活的过程。这就确定了幼儿园课程内容统整的基本特性——主体性，其主体性在内容统整过程中突出地表现为活动性。

在幼儿园整合课程内容统整中体现出的主体性是幼儿的精神生命发育的过程。课程是教育的核心，课程内容具有发展性是课程目的和课程意识的根本体现，而发展性也是幼儿园整合课程的功能特性，是整合课程目标对内容统整的客观要求。整合课程内容统整的发展性是指课程内容要以促进幼儿身心发展为指向，始终把幼儿作为内容统整的核心；领域和主题的选择要符合幼儿的身心发展需要和认知发展水平；活动内容的编制方式及组织方式应从幼儿已有的经验出发，能够唤起幼儿的美好情感和激发幼儿的探究兴趣，满足幼儿对活动的欲望和思考的需要，让幼儿成为整合课程的主人。实质上，整合课程内容统整的动态发展过程本身就是人的自然性、社会性与自主性发展相统一的客观要求，也是人的主体性的本真状态、人的主体性的表现。内容统整的发展性首先要求适合幼儿身心发展之"序"，即"教育学不应当以儿童发展的昨天、而应当以儿童发展的明天作为方向"，而且"对于一切教学、教育过程最富有实质意义的，是那些正处于成熟期而在施行教学时尚未完全成熟的过程"，即课程内容统整必须以幼儿的现有发展水平为依据，创造并落实于儿童最近发展区。[①]

幼儿园整合课程内容统整注重主体性与发展性的统一，是指以课程内容的活动性为基础，注重课程内容的开放性和个性化。杜威在《我的教育信条》中指出："一切教育都是通过个人参与人类的社会意识而进行的。这个过程几乎是在无意识中开始了。它不断地发展个人的能力，熏染他的意识，形成他的习惯，锻炼他的思想，并激发他的感情和情绪。由于这种不知不觉的教育，个人便渐渐分享人类曾经积累下来的智慧和道德的财富。他就成为一个固有文化资本的继承者。

---

① 余震球. 维果茨基教育论著选. 北京：人民教育出版社，1994：382.

世界上最形式的、最专门的教育是不能离开这个普遍的过程。教育只有按照某种特定的方向，把这个过程组织起来或者区分出来。"①由此可见，教育活动是幼儿的思维发展与教师组织学习内容交互影响的过程，主体性和发展性相统一是生活和教育本身内在的特征。通过开放性的活动让幼儿自主学习，幼儿在学习过程中展现和发展其自主性和探索性，实现由外显活动向内隐心理活动的转变，培养自信心和激发创造性，并将其延续到以后的学习活动中，促进终身发展。

主体性是人作为主体的核心品质，是主体的自主发展、自由复杂化，但发展什么以及发展的结果如何？这需要借助课程内容统整的主体性与发展性的统一来实现，即在课程内容统整中通过主题网络实现层次化，形成"中心主题—次要主题—子主题"的网络式、层集式的系列整合结构，通过课程内容的层阶性创生来提升幼儿生命的完整价值。每一个主题都必须具备组织力和开放性等特点，其组织力表现为每个主题都是对核心概念在不同领域、不同侧面的演绎，并根据幼儿身心发展顺序、课程目标的选择、内容的难度梯级和学习资源的开放，而课程资源中所呈现的人、事、物，对于幼儿仅发挥提示作用，要求幼儿回归生活，深入生活中去感悟和探寻更多更好的资源素材，凸显由低水平到高水平、由简单到复杂、不断充实或生成主题蕴涵的教育思想，从而使整合内容符合儿童经验的成长。同时，整合课程内容统整借助各种各样的主题任务进行驱动式教学，教师通过创设游戏化的情境有意识地开展各学科领域的"横向纵向的有机联系的教学"，以一个或多个系列任务为载体，将相关学科的核心知识经验和能力要求作为一个整体，有机地融合于结构性任务情境。而幼儿在感知操作材料、探究发现问题并完成任务的同时，也就完成了所需要掌握的学习目标；并且，幼儿通过参与这种主题网络的动态生成与实施过程，不仅在其认知结构中逐渐形成了一个个核心概念，还将习得的问题解决能力迁移到生活领域，从而使其具有较强的辐射性、扩散性和迁移性。

综上，整合课程内容统整关注课程内容与成果的开放性，无定性

---

① 杜威. 杜威教育论著选. 赵祥麟，王承绪编译. 上海：华东师范大学出版社，1981：1.

的、现成的结论，其实施过程是动态的、发展的、因时因地制宜的。因此，教师可创造性地教，幼儿可创造性地学，而非一成不变、按部就班地完成课程预先设计的机械作业，应为幼儿留下充分的思考余地和想象空间，满足幼儿的个性化学习，提升其生命质量。

（二）人文性与科学性的统一

幼儿园整合课程是使个体"人性"得以充分发展的课程，课程内容统整应以融合人本属性和社会属性为核心，熏陶儿童的"文化性格"，生成其"社会性"。但是，现实生活中的幼儿园教育却把儿童的生命热情和主动应对环境的机会都剥夺了，玛格丽特·米德（Mead）在美国幼儿教育协会（National Association for the Education of Young Children，NAEYC）的一次年会演讲中曾对学前教育的现状进行了如此描述："幼儿被长时间地关闭在一个恒定的房间内，远离一切活动的、有生命的物体。"[①]而这一状况在我国西部农村幼儿园依然普遍存在，幼儿园教育远离了幼儿的生活世界，幼儿失去了对现实生活的关注，缺乏生活气息，丧失了个体生命的存在意义，是人文教育失落的写照。据此，幼儿园整合课程内容统整的人文性，要求课程内容围绕幼儿的主体精神发展，要求课程内容应反映人之本性以及与人的本性有关的儿童文化，必须包括与幼儿生活经验相关的文化传统、民族礼仪、节日观念和行为习惯等。遵循叶澜教授提出的"生命作为教育的基础"的基本理念，课程内容的基础应是充满童心、童趣和童稚的真实生活。

基于幼儿园教育具有基础性、启蒙性和根基性等特点，幼儿园整合课程内容统整过程需要将生命的价值视为幼儿教育的基础性价值，将幼儿的精神能量视为课程转换的基础性构成，重视儿童的生命冲动和充满生机活力，尊重幼儿的意愿、经验和个性特征，幼儿的需要与发展构成了幼儿园课程的基本内容，展现出儿童的主体性、个性化以及适合儿童生长的文化观念和文化传统。而且，教师通过创设自由自在、无拘无束的教育场，尊重幼儿的生命，让幼儿的生命在手舞足蹈

---

① Mead M. Can the socialization of children lead to greater acceptance of diversity? Young Children, 1973, 28（6）: 322-332.

中感受自然的神秘，亲历生命的美好，体验生活的本真，享受童年的乐趣，时时处处体现出对幼儿人格和人性的尊重。

　　幼儿身心发展的整体性要求给予儿童整体性的教育，整体性教育必须由整体性课程内容来支撑，这就决定了幼儿园课程内容虽然相对划分为健康、语言、社会、科学、艺术等五大领域，但各领域内容应相互渗透、有机结合，教师从不同角度整合幼儿的多种活动，对幼儿的情感、态度、能力、知识与技能等方面进行全面启蒙，实际上折射出一种系统的、科学的统整思维方式。在现实的幼儿园教育过程中，科学不仅是一种逻辑理性，更是一种人与自然对话的方式；相对于狭隘的理性主义，完整意义上的科学观是不唯科学理性独尊的思维方式，主张不同思维方式的包容与对话，以达到对事物的丰富认识。基于此，幼儿园整合课程内容统整的科学性是指课程内容中各领域的整合及其与主题网络之间建立有机联系，形成整体功能的结构，主要表现在横（领域整合）与纵（主题模式整合）两方面。从横的方面看，不同领域不同类型的课程内容以主题为中心，以学科或领域为起点，将学科或领域与主题相关的内容纳入主题活动，经统整后形成彼此联系，构成统一整体。从纵的方面看，以幼儿感兴趣的问题为起点向外扩展，对主题概念充分探讨与层层分解，将同一领域、相同类型的内容经一定的心理顺序和逻辑顺序统整使之构成整体。其基本要求是所选的课程内容之间相互联系融合，具有整体的教育功能，有利于儿童健康和谐发展。

　　由于幼儿的身心发展不平衡，其身体各器官及组织、神经系统的生长发育具有顺序性和发展差异性，而与之相对应的感知觉、记忆、想象、兴趣、思维、动机、需要、能力等方面也是以整体面貌反映出其动态平衡发展。因此，幼儿园整合课程统整的内容应兼顾儿童身心发展的不同方面和层次，做到整体优化，发挥整体教育的功能，从而体现出幼儿园整合课程内容统整的科学性。但课程内容统整的整体性不等于全面性，全面性重在强调各方面课程内容需齐全，但是因素齐全而无优化的整合则难以形成整体。由此可知，强调幼儿园整合课程内容统整的整体性不是均衡安排内容，而是强调各领域、各主题之间的有机联系，这是由幼儿身心发展的整体性和学习方式的整体性特征决定的。正如卢梭所言："我们的才能和器官的内在的发展，是自然的教育；别人教我们如何利用这种发展，是人的教育；我们对影响我们的事物获得良好的经验，是事物的教育……在这三种教育中，自然的教育是完全不能由我们决定的，事物的教育只是在有些方面才能由我们决定。只有人的教育才是我们能够真正地加以控制的。"①他为我们指出了儿童教育的三种来源及其发展的顺序，教育内容包含了幼儿与物、幼儿自身及幼儿与人的交互作用，以幼儿自身的发展为轴心，是物的教育内容与人的教育内容有机融合，使幼儿教育内容注重人文性与科学性的统整。

二者统一的表现为课程内容统整是以形成完整生命的价值为导向，注重幼儿自然生命和价值生命的双重统一。幼儿园整合课程内容既要重视幼儿的发展需要，将生命的生长需要视为课程的基本内容，凸显幼儿生命的灵动性，同时又要关注幼儿发展的顺序性、差异性与整体性，不能以牺牲幼儿来强调知识的价值。总之，课程内容统整以增进幼儿生活完美幸福为宗旨，把与幼儿生活密切相关的文化传统、自然生态及人际互动作为课程统整的主题；同时，以"完整儿童"形象直面完整的生活，横向上注重不同领域、不同类型课程内容之间彼此联系，纵向上强调同一领域、相同类型的内容按照一定的心理顺序和逻辑顺序构成整体，以发展幼儿的全人格。

（三）情境性与生活化的统一

知识社会学认为，所有的知识都是社会的，学校中的知识既包括蕴涵于师生之间的日常意义的知识，也包括正式课程中的知识。它作为一种社会产品，是在社会、文化和历史发展过程中创造出来的，这种知识具有较强的解释性、情境性取向。②课程是学习者、教育者与教育情境相互作用的活动；学习则是学习者与他人、工具和物质世界互动的过程，发生在活动情境中，学习的知识存在于个人和群体的行动中。随着个人参与到教育情境并在此情境中不断进行协商与对话，知识就产生了。可见，知识是发生于真实情境以及借助于工具等进行

---

① 卢梭. 爱弥儿：论教育（上卷）. 李平沤译. 北京：人民教育出版社，2001：66.
② 张华. 经验课程论. 上海：上海教育出版社，2001：154.

不断探究的活动过程，而这种情境只有被置于历史文化脉络中才具有意义。这里的"意义"是在实践的情境脉络中加以协商（包括了过去的经验和参与者的互动）以及预期的需要和事件。教育情境是形成幼儿经验的必要条件和主要通道，情境性是活动中由课程内容引发幼儿的情趣并积极主动发展的特性，是课程内容存在形式的动态特征。幼儿园整合课程内容统整的情境包括处于构想之中的情境性（预设情境）和现实情境性（潜在的情境）。统整的旨趣是促进预设情境与现实情境的有机结合使之生活化并成为显在的情境，故幼儿园课程内容统整的情境性必须与幼儿的生活化相统一。正如《幼儿园教育指导纲要（试行）》指出，幼儿园应为幼儿提供健康丰富的生活和活动环境，满足他们多方面发展的需要，使他们在快乐的童年生活中获得有益于身心发展的经验。这从本质上反映了课程内容的情境性是幼儿心理能动性对教育的客观要求。

幼儿园课程内容的情境性是基于幼儿在生活世界和从生活经验中获得的整体感受。生活的本质就是围绕人的生命存在和发展，通过占有、享受、内化并创造人类物质文化、精神文化和制度文化，实现人生价值和意义的能动的活动。同理，幼儿正是在一日生活中通过各种各样的活动获取生活经验，尤其是直接经验，从而不断提高认识事物的能力和适应社会的能力。狄尔泰指出："生活体验对我来说并不像被觉察或呈现出来的事物那样'与我相遇'，它并未向我显现，但事实上生活体验确实与我共在，因为我能够以反思的形式意识到它，从一定意义上讲，我直接占有它，就像它完全属于我一样。它只有在思想中才变得客观具体。"①因此，幼儿的生长、发展是基于"生活"而进行的意义建构，统整的内容主要源于幼儿的现实生活，从幼儿身心发展水平出发，以主题网络或领域整合为载体，将幼儿必须掌握的基本生活常识、卫生习惯、行为习惯、语言交际能力和简单的数学、科学知识以及艺术等活动，与幼儿的生活实践有机整合，充分利用和丰富幼儿的生活经验，让幼儿从生活实际的层面去解决实际问题，从而实现幼儿实践活动与其生活经验的整合。

---

① 马克斯·范梅南. 生活体验研究——人文科学视野中的教育学. 宋广文等译. 北京：教育科学出版社，2003：46.

幼儿的生活是幼儿园整合课程统整的基点，也是幼儿园课程的重要资源。幼儿生命的特殊性使其生活与教育的关系更加紧密，这为整合课程内容统整以生活化为基点提出了客观要求。在课程内容统整中应充分利用这种联系加强课程与经验之间的融合，选择与幼儿生活有意义的内容加以统整，促使幼儿园教育与家庭、社会生活活动之间获得关联与延续，并随着幼儿生活情境的变化而发生变化。如将"爱心"这一主题与认识动植物、热爱大自然、保护环境进行有机整合，以珍爱生命为主线，通过多样化的情境创设、现实情境与幼儿真实生活相结合。这样，幼儿在参与主题活动设计与实施中逐渐理解了地球是人类与动植物共同的家园，因此激发与培养了在生活中保护大自然的观念。

在幼儿园整合课程的内容统整中，情境性与生活化相结合要求所选择的课程内容具有幼儿的生活色彩和意义，符合幼儿生命的存在、学习与发展实际，以生活的逻辑组织多样化的、感性化的、趣味化的活动。但是，它并不是将教育和日常生活等同起来，而是加强教育与幼儿生活的联系，将经过筛选的生活加以重新组织后纳入课程领域，并转换成情境性实践、情境性参与和情境性体验。

幼儿的生活是课程统整的中心，只有充满生活内容的整合课程才能满足幼儿的兴趣。"儿童的社会生活是他的一切训练或生长的集中或相互联系的基础。"①因此，幼儿园整合课程内容统整的情境性与生活化的统一，要求教师不是放任儿童和一味满足其现实生活的兴趣、需要，而应走进儿童的生活世界，开拓幼儿的生活空间与领域，创生幼儿的生活情境，将一股未来生活的水流引入幼儿现在生活的河流，体验幼儿内心的多方面需要，并把藏匿在遥远地方的教育目的的种子移植到生机勃勃的幼儿的心田，将幼儿现在的兴趣、需要引向未来。

（四）活动性与生成性相统一

活动是幼儿园课程内容的基本构成要素，活动在本质上就是一种

---

① 张焕庭. 西方资产阶级教育论著选. 北京：人民教育出版社，1979：78.

情境。①《苏维埃心理学辞典》认为："活动是主体与周遭世界之间的交互作用的动力系统，在这种交互作用的过程中对客体的心理表象得以表征与具体化。借助心理表象的中介，主体与客体世界之间的关系得以实现。"②由此说明活动是指主客体间发生交互关系的重要枢纽，主观性产生于活动过程。Rubinshtein 认为，人类的心理是在实践活动中形成的，活动受到客观因素制约，并借助活动的内部因素发生作用，活动具有四个特征——活动总是由主体实现的，活动是主客体的交互作用，活动总是创造性的，活动是独立的。③《幼儿园工作规程》明确指出，幼儿园教育以游戏为基本活动。幼儿在游戏活动中能够充分展现自己，其身心各方面都能得到有益发展，这在一定程度上揭示了幼儿园整合课程内容统整活动的必要性和可行性。

活动性是幼儿园整合课程的基本特性，表现出极强的动态性。幼儿园最初的课程设计只是一种课程内容选择的可能性和课程组织的起点，而课程计划和主题网络图是一种过程性工具，犹如旅行的指南，处于计划状态的课程活动内容本身就是活动方案，方案与活动同质——具有兴趣性、开放性，正是这种开放性为课程实施中幼儿与教师的对话、协商提供了可能性。这一特性也就决定了幼儿园整合课程是一种生成性课程，在课程内容统整过程中，幼儿的兴趣是确定整合课程内容统整的重要依据。教师既可以虚构生活情境，也可以为幼儿创设富有感染性和陶冶功能的现实情境。幼儿在具体的生活情境中遇到新问题能够促使幼儿寻找解决问题的途径与方式，致力于发现自身的兴趣和深入探究问题、由兴趣和问题发展而生成具体的学习经验，从而在活动中创造并生成新的课程内容。因此，在幼儿园教育活动中，课程内容需要注重开放性和动态性，留下空间让幼儿在活动中自我生成课程，课程活动计划的进展取决于幼儿自己的自然时间表，使内容统整实现活动性与生成性的统一。

---

① 石筠弢. 学前教育课程论. 北京：北京师范大学出版社，2001：129.
② 钟启泉. 课程的逻辑. 上海：华东师范大学出版社，2008：18.
③ 钟启泉. 数学理论活动的考察. 数学研究，2005（5）：35-49.

（五）情意性与经验性统一

学科课程注重知识的系统性、科学性与逻辑性，其致命缺陷是导致知识与情感的分离，儿童感受到的只是冰冷的逻辑演绎和概念。这对于理性尚不发达的幼儿而言是不适宜的。雅斯贝尔斯（Jaspers）指出："教育，是人对人的主体间的灵肉交流活动，包括知识内容的传授、生命内涵的领悟、意志行为的规范，并通过文化传递的功能，将文化遗产教给年轻一代，使他们自由地生长，并启动其自由天性。"①实际上，知识要变得可理解并对儿童生活有意义，就需要将知识和情感融合在一起，从情感中孕育观点。这就要求我们在传授知识的同时，赋予知识以生命的意义，才能促进儿童内在的情感、态度、价值观得到发展。

幼儿的发展本身是课程内容的根本来源。正如人本主义课程论所言，人的情意本身作为课程内容本身而获得发展，其课程内容包括正规的学术性内容、集体参与和人际关系、自我觉醒和自我发展，幼儿园课程内容具有全面启蒙性和极强的"人文性"特点。幼儿园整合课程内容统整以幼儿的感觉、需要、动机、感情和个性作为课程内容，展现出一个个具有生命力的、活生生的儿童。同时，整合课程内容还来源于知识与经验。幼儿自身的认知特点决定了其知识的概念不同于中小学生，幼儿的知识具有具体性、形象性、非系统性和前科学性等特点。其获得的知识具有较强的经验化特征，源于幼儿的活动，即幼儿与外界（包括人）的相互作用的结果，而不是来自现成的知识库。其知识体系的基础和核心不仅让幼儿在感性的实物活动中认识事物的表征和获得初级概念，而且更为强调将幼儿的体验根植于人的精神世界，以个体精神世界的特性——想象为基础，着眼于自我、自然与社会之整体有机统一的超越经验，赋予经验以个性化意义。

幼儿园整合课程内容统整的情意性与经验性相统一的特点表现为：课程依据幼儿已有的经验，立足幼儿的精神世界，为幼儿提供直观、形象的利于操作和想象的课程内容；以学习共同体的成员所共同

---

①　雅斯贝尔斯. 什么是教育. 邹进译. 北京：生活·读书·新知三联书店，1991：67.

创造的氛围为特征；教师引导幼儿将整个世界知觉为一个统一体——一个活生生的有机体，并获得高峰体验。"在这些短暂的时刻里，他们沉浸在一片纯净的幸福之中，摆脱了一切怀疑、恐惧、压抑、紧张和怯懦。他们的自我意识也悄然消逝。他们不再感到自己与世界之间存在着任何距离而相互隔绝，相反，他们觉得自己已经与世界紧紧相连融为一体。他们感到自己是真正属于这一世界，而不是站在世界之外的旁观者。最重要的一点也许是，他们都声称在这类体验中感到自己窥见了终极的真理、事物的本质和生活的奥秘，仿佛遮掩知识的帷幕一下子拉开了。"①可见，幼儿是生活与发展的主人，其生活富有极强的创造性。费尼克斯指出："富有人性的生活就是每一刻都体验为一种新的创造，并且认识到，这一时刻尽管与过去是连续的，然而却是一种有区别的新生。这种新生将会进一步达到创新性的实现。"②幼儿的兴趣、想象和经验是整合课程内容统整的基本内容，幼儿的知识来自获取经验的过程，主要通过探索、自我表达和与社会互动建构自己的知识，融经验性的知识与幼儿自身生命于一体。

（六）家园性与信息化的统一

幼儿园整合课程的相对性和灵活性表明，幼儿园整合课程是一种由幼儿园自主创生的课程，而不是只依据统一的课程标准及教科书去设计课程的忠实价值取向。幼儿园课程内容统整的实现需要家园性与信息化统一，其实质是对课程资源的高度整合。按照课程资源的功能特点，可以把课程资源划分为素材性资源和条件性资源两大类。其中，素材性资源的特点是作用于课程，并能够成为课程的来源，如知识、技能、经验、活动方式与方法、情感态度和价值观以及培养目标等方面的因素，属于素材性课程资源。条件性资源的特点是作用于课程，它不是形成课程本身的直接来源，却在很大程度上决定着课程的实施范围和水平。如直接决定课程实施范围和水平的人力、物力和财

---

① 马斯洛，等. 人的潜能和价值. 林方主编. 北京：华夏出版社，1987：366-367.

② Phenix P H. Transcendence and curriculum. Teachers College Record，1971，73（2）：271-283.

力，时间、场地、媒介、设备、设施和环境，以及对于课程的认识状况等因素就属于条件性课程资源。现实中的许多课程资源既涵盖课程的素材，也包含课程的条件，如家庭、图书馆、博物馆、实验室、互联网络、人力和环境等资源，很大程度上源自家园合作研发的课程资源，合力促进了幼儿健康和谐发展。

幼儿园整合课程内容统整的"家园性"是指整合课程内容由幼儿园与家庭通过价值协商后，以课程资源的形式来创生课程内容。其实质是一个以幼儿园为基地、以幼儿和谐发展为本进行课程研发的、开放民主的决策过程，即园长、园本课程资源教师、课程专家、幼儿及家长和社区人士共同参与幼儿园整合课程内容的设计。幼儿园整合课程设计和活动的展开需要充分发挥家庭资源的作用，引导家长参与活动，为幼儿活动的开展提供物质和经验准备，更好地促使家园教育有机整合，发挥幼儿园整合课程的最优教育功能。

幼儿园整合课程内容统整的"信息化"是指课程内容本身就是信息的收集、选择整理与传递的动态过程，而且幼儿获得的经验与信息也具有时代性、未来性等特点，基本上锁定为信息技术支撑下的课程整合。新媒体时代背景下，大众信息技术作为信息文化不可或缺的基本工具的属性，超越狭隘的"技术"而成为更上位的建筑——"技术是形，文化是神"。信息技术和信息文化的这种双重变奏也反映在学前教育中。信息技术作为一个业已分化的学科，具有课程内容上的复杂性和功能价值上的多元性，必须多层面、多方位地与周围事物进行整合。另外，面对信息社会的挑战，人们传统的生活经验和生存方式需要重新构筑，更加关注基于大众信息技术的、在信息活动实践过程中所表达的人与技术、人与社会文化之间的交互作用。因此，学前教育引导幼儿在认识信息技术的工具性和环境化意义的同时，支持幼儿全面感知、体会和追问信息生活的意义，自觉、流畅、健康地参与信息技术和文化实践，促成幼儿良好信息文化素质的养成。因此，信息技术与幼儿园课程、社会生活的整合就成为幼儿园整合课程统整的内容之一。

幼儿园整合课程内容统整的家园性与信息化相统一，要求教师在内容选择上具有开放性并使其能够反映幼儿家庭生活经验、社会文化和科技发展的新成果及强烈的时代性，并以课程的信息化形式体现，在开拓幼儿视野的同时提高知识信息的传播和应用的实效性。泰勒认为，既要最大限度地利用学校的资源，又要加强校外课程（out-of-school curriculum），帮助学生与学校以外的环境打交道。同时，从技术层面来讲，网络技术的发展逐渐打破了园内与园外课程资源的划分界线，从而在很大程度上使得课程资源特别是素材性课程资源的广泛交流和共享成为可能，信息化的课程成为幼儿联系外部世界的通道。①基于此，幼儿园课程内容统整应保持内容的开放性，幼儿园要善于合理开发和运用社区及其他兄弟园所的课程资源，同时园内课程资源也可以向社区和其他园所开放。这就要求教师建立幼儿园整合课程资源整合的转化机制，以信息化技术为支撑，运用整合原则统整幼儿家庭、幼儿园、社区文化，关注家庭生活经验与社会生活经验的交融，统整师幼关系、同伴关系与亲子关系等对幼儿发展产生影响的课程因素于教育活动中，在家园性与时代性课程整合中凸显信息化，以适应幼儿现实需要与实际经验获得的需要，从而体现幼儿园教育统整的价值。

四、幼儿园整合课程内容统整的方式

幼儿园整合课程内容统整的核心是课程价值观的统整，即以幼儿和谐发展价值的统整为核心，以促进幼儿的科学世界与生活世界、儿童需要与社会价值的统整为目标。与此相应的是在幼儿园课程内容统整过程中应遵循"适合幼儿发展特征、贴近社会生活又能兼顾儿童发展的基础性"要求，可以通过领域的整合、主题的整合、项目活动的整合、专题的整合和以幼儿的兴趣和爱好为中心和出发点的整合，以实现幼儿园整合课程内容统整的多样化。

（一）领域的整合

领域课程是指将两个学科（领域）或者是两个以上学科（领域）进行整合，甚至包括全部学科（领域）的整合。领域整合课程是目前

---

① 李景霞. 对课程资源开发与利用的几点探索. 教育探索，2003（8）：28.

幼儿园中使用较为广泛的整合课程。尽管它在形式上以学科或较大的学科为中心来组织课程内容，但学科知识的分类并不严格，而是把相关知识囊括在一个相对较大的"领域"内。如幼儿园的"科学"领域包含十分广泛的学习专题或学习主题，例如动植物、水、声音、机器等，以这些专题或主题作为整合性课程的学习内容。语言、数学、社会、艺术、动作技能等内容很容易与科学学习的内容联成一体。

社会领域常常被用来整合其他学习领域。社会领域包含广泛的学习专题或学习主题，涉及幼儿所在的幼儿园、社区、当地的地理特征或人文特征等，以这些专题或主题作为整合课程的学习内容使得语言、数学、科学、艺术和动作技能等内容也较为容易地与社会学习内容融为一体。

语言领域通常也比较容易将其他学习领域整合在一个大的学习领域。在这种主要以促进儿童语言发展为目标的语言活动中，将数学、社会学习、科学和动作技能等内容整合在故事情境中。综上所述，逻辑上的领域是按知识之间的内在联系来组织课程内容，并试图完整地反映幼儿活动的对象世界，但目前幼儿园在实施学科领域课程过程中，往往把领域理解成几种学科知识的简单拼凑。因而，教师在组织每一个具体活动时，往往追求各科知识的齐全，甚至追求每一学科知识的平均分配，忽视了知识结构与儿童心理逻辑的统整，这与学科领域课程的整合实质背道而驰。

（二）主题的整合

通过主题（subjects）整合而形成的整合型课程是最为常见的类型。主题课程是指在一段时间内围绕一个中心内容即主题来组织的教育教学活动。这个主题可以是一个问题、一些专题的集合体，也可以是一个发生的事件或某一个节日等。主题来源方式是多元的，既可以来自幼儿生活，也可以是教师预设的，同时还可以在教师与幼儿的互动过程中生成，而单元主题课程的主题大多是预先设计好的。在我国学前教育课程史上，主题课程并不陌生，陈鹤琴的"五指活动课程"就属于这一类课程。在我们编制并实施的幼儿园教材中，南京师范大学出版社出版的《幼儿园活动整合课程》中的整合课程就属于此类课程。我们以南京师范大学出版的幼儿园教材为例，谈谈通过主题如何整合课程内容。例如，小班上期教材，它们分别由五个主题组成。第一册的主题为"来来来，来上幼儿园"。这个主题主要是针对第一次上幼儿园的孩子，他们的心理既好奇又担心。它包括以下几部分：故事《小乌龟上幼儿园》；儿歌《你和我，我和你》；社会《我的幼儿园，上幼儿园途中》；儿歌《我上幼儿园》；健康《我会上厕所》；音乐《我的朋友在哪里？》；科学《一起玩》；中华文化《月亮走》；认知游戏《上幼儿园》。在该单元中，通过一个主题将故事、儿歌、社会、健康、音乐、科学整合在一起，有利于儿童获得完整的经验。

通过主题进行整合的这类课程并不强调各科精细的知识，而是强调围绕幼儿整体生活中的某一事件或某一中心主题来组织教育教学活动，主题贯穿在幼儿一日活动中，幼儿在一日生活中获得比较完整的、相互联系的经验。但可能出现的问题是，倘若每个单元都围绕一个主题来组织教育活动，而不考虑主题与主题之间的相互衔接及其学习内容之间的必然联系，幼儿获得的知识与经验就会缺乏内在整合，这需要幼儿教师高度重视。

（三）项目活动的整合

项目活动主要是指教师与幼儿在生活中围绕大家感兴趣的一个课题共同谈论，在师幼合作研究中发现知识、理解意义、建构知识的一种整合课程模式。它强调幼儿的兴趣与经验，主张以完整的学习促进幼儿的整体发展。从形式上来看，它与单元主题课程十分相似，但是我们提到主题整合课程中的主题大多是预先设计好的，而项目活动的主题则强调在师幼互动中，根据幼儿的即时反应对主题及时做出调整、修订。故项目活动更强调课程和教学是一个师幼互动的过程，强调主题的生成性和课程的弹性计划，表现为一种生成课程。另外，项目活动更注重幼儿的多样化表现，注重幼儿的探究过程和课程资源的利用，关注教师与幼儿一起成长。

在项目活动实施过程中，涉及幼儿的认知、情感、社会、语言等领域，将绘画、手工、数学、科常、语言等方面内容融为一体。在这一过程中，幼儿不仅积累了一定的生活经验，而且其各种经验都得到了有效的整合与应用。

（四）专题的整合

专题（topics）比主题更具体，它往往集中在一个狭小的范围。例如，鸟类可以是一个专题的题目。专题可以成为整合性课程的核心，以专题展开的整合型课程可将与该专题有关的所有学习门类或儿童发展方面都包含在课程目标和活动之中。一个简单的专题可以发展成为一个较为复杂的单元式学习过程。例如，在以"鸟类"为专题的整合课程中，幼儿可以阅读鸟类的故事，可以画鸟或者用不同的材料制作鸟，也可以观看有关鸟类的录像，还可以练习鸟类飞翔的动作等。

教师借助专题对幼儿园课程进行整合，将幼儿的学习与现实生活联系在一起。这种课程整合的主要目的是让幼儿对某一专题有尽可能多的认识，确切地了解此专题范围的事实细节。但是专题课程的学习范围仅局限于这一特定专题，而不是去突破这个主题，要让儿童有所发明，有所创造和有所构建。

（五）以幼儿的兴趣和爱好为中心或出发点的整合

这是一种完全开放的非结构化课程，由幼儿根据自己兴趣爱好自己确立学习课题，学习课题可能源于学科知识的学习或社会实践。幼儿围绕自己选择的学习课题，根据其兴趣和探究过程中出现的新问题自由展开学习。

总之，幼儿的经验、学习与儿童本身在幼儿园教育活动中是不可分割的主体，因此幼儿园整合课程内容统整都应以儿童的经验为基础，围绕"自然、自我、社会"三大维度将幼儿园教育活动整合成一体，以促进幼儿身心整体和谐发展。

第四章　幼儿园整合课程中的学习方式研究

第一节　幼儿学习方式概述

　　学习是活着的有机体中普遍存在的现象，学习活动广泛存在于动物世界和人类中。幼儿与生俱来就具备强烈的好奇心和渴望对世间万物之道的探究力，因其好奇而发展为求知欲进而探索，从而唤醒其生命灵性并得以提升。正如蒙台梭利所言："真正的幼儿教育，应该以活动为中心，观察孩子的天性，激发儿童的天性，发展儿童的天性，这才是教育的根本意义所在。"[①]幼儿的学习过程是幼儿充分表达生命成长和发展人类天性的意义建构过程。

一、学习方式概论

（一）学习的含义

　　"学习"一词最早源于《礼记·月令篇》"鹰乃学习，引申之义为习孰"[②]，即最早的学习源于鸟类，学习即仿效。将之用于人类行为习得的是孔子，在《论语》中提出"学而不厌，诲人不倦……学而时习之，不亦乐乎？"，这是基于"学—知—行"统一的学习哲学观，凸显出融"沟通""修炼"于一体的主体性学习观。西方关于学习的概念，主要源于"修炼""对话"的学习哲学观。基于"修炼"的学

---

① 转引自谷忠玉. 儿童自我教育——蒙台梭利教育思想的精华. 教育科学，2000（4）：57-58.

② 许慎. 说文解字. 段玉裁注. 上海：上海古籍出版社，1981：138.

习哲学以法国巴黎圣·维克多修道院休（Hugh）的《学习论》为代表①，"学习"是指体悟和认识自然本性、自然秩序以及人自身之本性，折射出"孤独之旅"的学习含义，"默读"与"冥想"是学习的两种基本表现方式，学习的目标是"智慧之研究"，追求自我完善。基于"对话"的学习哲学观可以上溯到柏拉图的《美诺篇》②，苏格拉底的"产婆术原理"体现了"对话学习"的基本特征，旨在通过双向沟通行为去探究学习的对象及其价值。而作为实用主义教育哲学代表的杜威，其关于学习理论的核心概念为"经验"，基于主体与环境交互作用的原理，采用问题解决的思维教学来实现学习主体与客体的交互统一。维果茨基亦把"学习"定位于"沟通"上，认为学习首先是运用"心理学工具"——"语言"的一种社会活动，个体的心智发展首先表现为人际关系沟通过程中的社会过程，这种沟通的语言是作为"内化"的心理过程表现出来。由此可见，杜威和维果茨基的学习论是对"对话学习"传统的创新，"学习"被理解为人们在沟通过程中共享知识，知识是公开和开放的。

目前，"学习"被理解为一种广义上的活动。陈琦指出："学习不仅指有组织的知识、技能、策略等学习，而且也包括态度、行为准则等学习，既有在学校中的学习，也包括从出生以来就出现并一直持续终生的日常生活中的学习。"③由此可见，学习既是一种结果又是一个过程，包括内隐和外显两个维度的持久变化。而且不同流派学者对"学习"概念的理解有所不同。

1. 学习即持久的行为变化

行为主义心理学家把"学习"界定为"由练习或经验引起的行为的相对持久的变化"④。这种定义强调学习的可观察与测量，忽视了学习的过程与内隐性。加涅（Gagne）将"学习"定义为"学习是人的心理倾向或能力的变化，这种变化能够保持且不能单纯归因于生长过程"⑤。将学习与本能及成熟度区别开来，学习的要素主要有学习

---

① 佐藤学. 学习的快乐——走向对话. 钟启泉译. 北京：教育科学出版社，2006：5-9.
② 佐藤学. 学习的快乐——走向对话. 钟启泉译. 北京：教育科学出版社，2006：10-16.
③ 陈琦. 当代教育心理学. 北京：北京师范大学出版社，1997：47.
④ 汪凤炎，燕良轼. 教育心理学新编. 广州：暨南大学出版社，2006：22.
⑤ 转引自汪凤炎，燕良轼. 教育心理学新编. 广州：暨南大学出版社，2006：27.

者、刺激情景与刺激、记忆和反应。总之，传统教育情境中的"学习"概念是"指凭借经验产生的、按照教育目标要求得比较持久的能力或倾向的变化"①。在这一定义中，学习的第一条标准是学习的发生是由经验所引起的，此种经验不仅包括外部环境刺激、个体的练习，更重要的是学习产生于实践或其他经历，意味着个体与环境之间复杂的交互作用，是基于关系论的学习观。第二条标准是个体行为能力的持久改变。学习发生的变化有时是一种潜在的行为能力变化，必须将个体学习前后的行为置于某个学习情境，通过学习个体能力的对比推论行为所发生的变化。

2. 学习即意义与关系的建构

20 世纪 80 年代以来，杜威、皮亚杰和维果茨基的建构主义与社会建构主义心理学得到了重新评价。这种心理学借助以语言为媒介的工具性思维，重新界定了"学习"的含义，把学习视为个体意义与关系的建构。从学习对象的角度来看，学习是探求事物与事件的赋予名称及含义的认知性、文化性的实践活动。在这种活动中，学习者主动建构客体与自身的关系，建构未知世界与已知世界之间的关系，也建构知识与知识之间的关系。作为认知性、文化性的学习产生于学习者先前所建构的知识和经验，是每个学习者把已有的知识作为新知识的生长点，基于自己与世界相互作用的独特经验并赋予这些经验的意义，且在课堂中通过师生关系与生生关系来实现。在这种学习过程中，学习者通过主动参与证明自身存在和表明自身的态度。这一实践活动建构了客体之间关系与意义的认知性、文化性、实践性，同时也建构了课堂中人际关系的社会性、政治性、实践性，以及自身内部关系的伦理性、存在性。这一"学习"概念是从认知维度、人际维度和自我维度这三种复合维度来界定的，把学习作为意义与人际关系的重建，将学习的实践界定为"学习者与客体的关系、学习者与他（她）自身的关系、学习者与他人的关系。学习的活动是建构客观世界意义的活动，是探索与塑造自我的活动，是组织自己同他人关系的活动"②。学习者的活动实践是通过与教育内容进行对话来建构同世界

① 邵瑞珍. 教育心理学. 上海：上海教育出版社，1997：45.
② 佐藤学. 学习的快乐——走向对话. 钟启泉译. 北京：教育科学出版社，2006：38.

的关系，通过与自我的对话来建构自己的内部经验，并通过与他人的沟通来探究现实、情境、意义、关系的复合实践活动。建构主义教育观主张学校教育的本质意义是通过每个学生进行多样化交流实现多元文化的建构，基于事物、人物和情境的"中介性学习"（mediated learning）实践角度来认识和重建学习的方向，是一种重建学习的场所、促进学习的事物、工具与人际关系的实践。

通过追溯"学习"概念的发展历程，本书基于个体的、文化的、社会的与伦理的实践哲学视角，对"学习"的认识倾向于建构主义学习观——"学习即意义与关系的建构"，主张"学习"是借助"对话"来体现其特征，是儿童与事物（客观世界、教材）间的对话，与他人（朋友、教师）的对话，以及与自身的对话。因此笔者认为，儿童的学习是一种文化适应；将儿童个体与环境视为同一个学习系统的要素，要求学习者参与真正的文化实践；将"参与"视为学习的关键成分和重要特征，而知识是作为活动、情境以及文化的"副产品"出现，注重两者的相互建构——学习者在不同情境中进行知识的意义协商，在不同的实践共同体中通过"合法的边缘性参与"而获得意义与关系的建构。[①]

（二）学习方式的界定及分类

学校教育的主要行为是儿童的学习活动，不同的学习方式对儿童的学习结果具有重大影响。因此，新一轮基础教育课程改革把学习方式转变作为课程改革的重点。

1. 学习方式的界定

对于学习方式（learning style）的界定，研究者从不同角度研究学习方式，对学习方式的定义呈现出多样化。有学者将学习方式称为学习风格（learning style or learning approach），Rita Dunn 和 kennetn Dunn 夫妇认为，学习方式是儿童集中注意力并试图掌握和记住新知识或困难的知识技能时所表现出来的方式。而美国中学校长联合主席 Keefe 以信息加工模式为理论基础，认为"学习方式"由认知、情

---

① 王文静. 情境认知与学习理论：对建构主义的发展. 全球教育展望，2005, 34（4）: 56-59.

感、生理等三大类要素构成，是学习者特有的认知、情感和心理行为方式，反映了学习者知觉的方式、与学习环境相互作用的方式及其做出的相应反应。美国学者纽曼（Newman）从学生活动方式的角度出发，认为学习方式是指学生在教学活动中的参与方式。大多数学者认为，学习方式是一个组合概念，是学生在完成学习任务过程中的基本行为和认知取向，不是指具体的学习策略和方法，而是学生在自主性、探究性和合作性方面呈现的基本特征。①

综上所述，笔者认为"学习方式"是学习者的行为参与、情感参与或认知参与方式及社会化参与的有机结合。它主要表现为一种行为和认知取向，反映了儿童倾向于以什么行为和认知方式去完成学习任务。因此，幼儿园整合课程中的幼儿学习方式不是指幼儿的具体学习策略和学习方法，而是指影响并指导幼儿对具体学习策略和方法做出选择的有关学习行为的基本特征。

首先，学习方式的形成是学习者在长期学习过程中经常表现出来的、具有个人特色的稳定的行为方式和认知取向。儿童的学习过程从某种意义上说，是有机体对环境的适应过程，而学习者的生理结构和个性特点决定了学习者在学习过程中形成了一种特定向的偏爱，表现在学习情绪、态度、动机、坚持性及其对学习环境、学习内容等方面的倾向，这些稳定的学习倾向也即"学习风格"意义上的学习方式，而且这些方式在学习过程中表现出明显的个人特色。正如Gorgre 和 Ward 指出，教师教学方式和儿童学习方式的实质是个人的处世方式。

其次，学习方式是指学习者获取知识或经验的方式。信息加工论者认为，学习是指学习者吸取信息并输出信息，通过反馈与评价得知正确与否的整个过程，其作用在于获取知识、信息和经验，其他行为、情感态度及价值观等都会以知识的获取方式为载体而形成。所以，知识或经验的获取方式是学习方式的重要含义之一，学习方式是学习者持续一贯的学习策略和学习倾向。

再次，学习方式是指学习者进行学习的组织方式。学习方式不仅

---

① 孔企平. 论学习方式的转变. 全球教育展望，2001（8）: 19-23.

是学习者获取知识的方法，更是师生在教学活动中融"信息交流、情感交融与观念沟通"的三位一体的活动结构。对于学习者而言，因教师教学组织方式不同，匹配的学习方式亦不同。而且，学习者在学习过程中因不同的学习组织方式而形成学习者之间的不同关系，以及由这种组织关系而形成的个性特征，其核心是学生的思维方式、情感升华的方式以及价值观念的建构方式，凸显了学习者的成长方式和发展方式。因而，个体的学习方式要实现思维品质优化、情感升华、价值观建构等深层目标，就必须实现学习方式的整合与优化。

最后，从各种学习方式的界定中发现，学习方式具有个性化特征。学习方式是个体在学习活动中表现出来的一种特殊反应倾向或习惯方式，其实质是学习者独特的或经常使用的学习策略及学习倾向，是一种习惯化的行为方式，是个体思维方式和生活方式在学习上的具体反映。每一个个体都有自己独特的、喜爱的学习方式，不同的个体具有不同的学习方式。现实的学习方式总是由一个个独具特点的个体承载着，具体地落实到每一个个体。因而，学习方式是一个多因素的组合概念，每一个个体都有独特的组合，且具有相对稳定的特征，即儿童的学习方式一经形成就具有稳定性。这种稳定性随着个体年龄、智能发展水平和情感的变化而改变。

2. 学习方式的分类

学习方式本身无优劣之分，任何一种学习方式都有自己的适用条件和应用目的，要注意灵活运用和配合使用不同的学习方式。本书依据学习方式的不同维度，将之分为三类。

（1）接受学习和发现学习

接受学习和发现学习是认知心理学派主要研究的两种学习方式。所谓接受学习，是指学习者主要通过教育者的言语讲授获得知识、技能等，其实质是将有意义材料与幼儿认知结构中相关的知识建立起实质性联系的过程。接受学习的特点是教育者讲解与指导，儿童积极地理解与吸收。奥苏贝尔认为，有意义的表征性学习是幼儿重要的学习方式。发现学习是由美国教育心理学家布鲁纳提出，即通过动手操作、亲自实践、与人交往等发现自己原来不知道的，从而获得有关物质世界和人际社会的直接经验、体验以及思维方式。发现学习注重儿童学习的过程和儿童学习的内在动机，发展儿童解决问题的能力，因为这些态度和能力都使个体终身受益。

发现学习和接受学习是幼儿重要的学习方式。"在幼儿期发现学习是比接受学习更适合的一种学习方式，在幼儿阶段发现学习应该成为学习方式的主流"[①]，但接受学习也可以是主动的、有意义的学习，关键在于幼儿能否将教师传授的知识消化、吸收、转化为自己的东西，而不仅仅停留在记忆这个层面。奥苏贝尔认为，在幼儿园教学中，特别是对一些概念和规则的学习，更多地使用接受学习方式。该理念指导下的幼儿园教育方案在维斯康星大学的实验幼儿园里获得了很大成功，教师指导的核心在于阐明或将儿童引向概念（或规则）的关键特征，这是整合课程内容统整的必备条件。例如，哺乳动物的关键特征是胎生，而不是日常经验中的身体长毛或长四只脚。

发现学习也未必就是有意义的学习，关键在于学习者是否进行了思考。例如，幼儿搭建积木的游戏倾向于幼儿的自我发现学习，而教师如果在活动中过分强调幼儿建构的速度，往往会造成幼儿的机械学习。所以，在发现学习中，教师指导的关注点应该从学习结果转向学习过程，注重幼儿的深层式学习，给予儿童充分探究学习的时间。

（2）接受性学习和探究性学习

知识或经验的获取方式是学习方式研究与关注的重要方面，基于知识按照来源划分为直接知识（经验）和间接知识（经验），前者从人类社会实践中直接获取，后者通过书本学习或其他途径获取。为此，依据知识的获取途径（或者给学习者的不同呈现方式）将学习方式分为探究性学习和接受性学习。

奥苏贝尔认为，学习内容在接受性学习中是以定论方式呈现给儿童，学习的对象是前人或他人对自然与社会的描述的解释和经验。由于知识可以通过书籍等形式保存，人类特有的语言文字可以超越时空限制，学习者可以通过阅读等途径获取这些知识与经验，而且，学习内容是前人对人类经验进行科学分析与归纳的成果。因此，接受性学习是人类特有的、高效的学习方式。但是，在这种学习中，学习者是

---

① 李季湄，冯晓霞.《3—6岁儿童学习与发展指南》解读. 北京：人民教育出版社，2013：15.

知识的接受者，强调知识的接受和掌握，容易使学习者失去主动性、自主性、能动性，容易导致学习者形成机械的接受学习方式，其学习结果仅为机械记忆，而没有学习者的内在感悟。因此，儿童容易形成顺从型个性。

探究性学习（发现学习）。奥苏贝尔认为，知识或经验在发现学习中，不是以定论方式呈现给学习者，学习者进行学习的心理机制是顺应，学习的任务是学习者自己去发现这些知识、直接获取经验，学习者是知识的发现者。[①]相对于接受性学习而言，探究性学习是学习者通过观察去发现问题，搜集数据，并通过检验、评价来对学习者的情感、态度等方面产生的重要影响。探究性学习是基于学习者的实践和感悟式学习，其外在表现是学习者用眼看、耳听、口说和手做的感知过程及用脑思考、用心体会、内化为自我认识的感悟过程；知识是学习者自己探索到的直接经验，其学习结果是获得直接经验，体会到知识产生过程和具体意义，运用科学方法得出结论，形成自己的个人感悟和独特见解，有利于促进儿童和谐发展。

（3）合作学习与个体学习

从学习过程中学习者之间的相互关系看，可以分为合作学习和个体学习。当代课程知识观认为，尽管科学知识包含许多真理性，但其并非都具有绝对客观性和确定性的最终答案，而是由参与社会实践活动的各方通过互动、交流和沟通后达成的一种短暂性共识。受到传统课程知识观的影响，人们把课堂教学看作一个由教师向儿童传授客观性、确定性知识的过程，导致"重教师轻儿童，重竞争轻合作"，课堂教学在整体上处于一种"教师集权主宰，儿童孤立无援"的状态。儿童虽然在一起"共同"学习，实际上儿童间处于一种孤立和隔绝状态，成为一个"集体生活"中的"单干户"和"孤独的个体"，从而导致儿童与儿童之间交往的实质性缺失。

合作学习的主要特点是"合作"，学习者之间的相互促进、相互配合、相互依赖、相互信任和相互帮助等关系是完成学习任务的关键，表现为学习者在小组或团队中通过"合作"完成任务，注重对学习者的"合作"评价和学习者合作结果的评价。相对于合作学习而

① 李玉明. 对发现学习和接受学习的现实思考. 中国农村教育，2006（11）：55-56.

言，个体学习中的学习任务是由学习者单独完成，学习者之间是竞争关系而缺乏合作，学习者的个人学习能力是学习任务完成的关键，并依据学习者自己完成学习任务的情况进行学习评价。个体学习虽然容易形成学习者的独立学习能力，却失去了向同伴学习和增强学习者合作能力的机会。

　　学习方式的转变是 21 世纪幼儿园课程改革的显著特征，传统的学习方式将学习建立在儿童的客体性、被动性和依赖性的假设之上，导致儿童在学习过程中的主体性、独立性和创造性不断丧失。转变学习方式就是要转变这种他主性、被动性的学习状态，把学习转化成促进人的自主性、能动性与独立性不断生成、张扬、发展、提升的过程。其实质是学习观的根本变革——学习不是一种异己的、外在的控制力量，而是一种源自学习者内在的精神解放运动。基于此，幼儿园课程改革倡导以弘扬人的主体性、能动性和独立性为宗旨的自主学习，促进幼儿在教师支持与指导下主动地、富有个性地学习，使其将来能够成为幸福生活的创造者和美好生活的建设者。

二、幼儿学习方式的分类与特点

　　古今中外有许多教育、心理学家特别重视对学生的学和教师的教之研究。心理学家普遍认为，学习有广义和狭义之分。从广义上说，学习是一种普遍现象，是人和动物在生活过程中获得个体经验的过程。从这个意义上来讲，儿童尝试和解决问题过程的实质是一种学习过程。例如，幼儿在搭积木、喂养小动物以及自我服务活动过程中遇到困难时，他们会开动脑筋，努力让自己做得更好。学习从婴儿期就已经开始了。同时，基于心理学和生理学的大量研究，婴幼儿期是儿童身心发展最迅速的时期，对幼儿学习活动进行研究有助于更好地了解幼儿的学习方式。

　　（一）幼儿学习活动的本质

　　幼儿的学习活动是以"工具""人"为媒介[1]，多通道参与并与

---

[1]　佐藤学. 学习的快乐——走向对话. 钟启泉译. 北京：教育科学出版社，2006：65.

其他教育情境因素交互作用的实践过程。以幼儿为核心因素的幼儿活动情境是学习活动得以展开的基础和前提，幼儿与诸要素之间相互作用的展开，总是同特定的情境联系在一起，凭借作为"援助"与"工具"的幼儿语言、日常生活经验、游戏与人际关系，直接决定了幼儿学习活动的性质和特点。

1. 幼儿的学习以表象为主，具有较强的情境化特征

皮亚杰认为，体验（experience）、观念（concept）、反思（reflection）和行动（action）构成了成人基本的连续性发展思维，人的学习过程得以发生和发展，是个体与环境之间周而复始相互作用过程，学习的关键是依赖于一个相互作用的过程，其中融合了内部概念或经验图式的顺应过程与外部事件以及经验同化到已有观念或图式的过程。[①]在幼儿阶段，幼儿保持了其具体感知倾向，幼儿通过观察和想象对表象的世界进行自由操作，将与客观事物相互作用后的经验同化到已有的认知结构中，形成"客体永久性图式"。在幼儿认识客观世界的选择范围上，只有幼儿最关心的、具有日常生活经验的议题，才能引发幼儿知、情、意的全身心投入，让幼儿一边积极体验一边反思观察。而且，"应强调科学教学具有的教育作用，还应从这一角度出发来确定这样一种教育，即它能通过一些有时是极为简单的手段，如传统的'直观教学'，从幼年开始启发幼儿的好奇心，发展他们的观察力，引导他们采用实验性的方法"[②]。因此，观察、探究、实验与操作是幼儿与客观世界相互作用的重要手段。皮亚杰指出，幼儿的独立探索表面上看来是浪费时间，实际上这恰恰是赢得了幼儿适应世界的时间。如果说有必要对幼儿学习进行调控的话，调控的目的是使教师的教学与幼儿的学习方式匹配，具有儿童化的教师语言是促进幼儿建构世界、结交同伴和探求自我的"经验化"语言，引导来自不同家庭、不同兴趣、不同能力尤其是不同学习风格的幼儿达到共同的发展目标。其关键是教师通过儿童化语言和在幼儿群体中使用的不同教

---

① D. A. 库伯. 体验学习——让体验成为学习和发展的源泉. 王灿明，朱水萍，等译. 上海：华东师范大学出版社，2008：20.
② 日本筑波大学教育学研究会. 现代教育学基础. 钟启泉译. 上海：上海教育出版社，2003：422.

育策略，创设具有情境化特征的幼儿教育活动，为每个幼儿提供活动的时间、空间及必要的帮助，引导不同学习风格的幼儿获得成功。

认知心理学家 Johnson 指出，认知表象的"素材"源于日常生活经验，以"平衡"与"对称"之类的身体形象为基础作为隐喻式表达来积累。[①]因此，教师应鼓励幼儿了解客观事物之间的相互关系，引导幼儿通过比较来理解客观事物与自己、与人类的关系，激发幼儿的学习兴趣、愿望，使幼儿对客观世界充满好奇，并在探索活动中满足自己的兴趣与好奇。

2. 幼儿的学习是幼儿与他人特别是与同伴交往的体验学习

教学交往是教师与幼儿之间通过基于教学活动所必备的"材料"——人际关系。教师与幼儿是整合课程的实施主体，是创造教学人际关系的主体。教师以适合幼儿身心的方式引导幼儿自由地进行态度、情感、知识、信息等方面的交换，趋向于师幼彼此理解，是幼儿获得经验和体验的重要方式。

幼儿与同伴个体、同伴群体之间的交往是幼儿心理发展的充要条件，同伴交往能够有效地满足幼儿心理需要并萌生新的需要。交往应是课程组织活动的重要活动类型。R. 温克尔的交往公理认为：交往具有永恒性、关系性、确定性、经济性、场合性和可获性等特点。其中，交往的永恒性表现为人与人之间不能不进行交往；关系性是指任何交往都是在一定关系中进行；确定性是指处在交往关系中的人总是以一定角色出现的；经济性是指任何人都不希望因交往而造成损失，即时间、精力或财富的浪费等；场合性是指任何交往都处在一定场景中；可获性是指在任何交往中，参加者都可期待通过交往有所收获。而且，交互的角色关系有两种可能性——任何交往伙伴不是平等的就是有地位差别的。前者的交往可能是对称的，而后者的交往就是补充性的，也就是由一个交往者给予另一个交往者一些东西。同时交往成分具有双重性，任何交往都必须借助一定内容进行交往，也必须通过一定关系进行交往；可控制性是指一切交往都以指示、建议、愿望、意见等信息为内容，而且是可控制的；有干扰性是指所有交往都可能

---

① 佐藤学. 学习的快乐——走向对话. 钟启泉译. 北京：教育科学出版社，2006：66.

受到干扰；工具性与目的性是指所有交往都是被参加者作为工具，例如传递信息、进行教育等，或者为达到自身目的来对待。[①]温克尔公理为我们全面深入地研究幼儿园整合课程活动中的幼儿交往提供了借鉴。

幼儿参与课程交往是以幼儿园整合课程的现实场景为基点，是一种基于幼儿园活动与课程实施的特殊交往，幼儿和教师在现实交往中的角色是由特定的交往情境所决定。《幼儿园教育指导纲要（试行）》的"目标"表达中多次使用了"体验""感受""喜欢""乐意"等词语，突出幼儿园课程注重情感、兴趣、态度和个性的价值取向，并专门设置了"社会领域"——"人际交往"与"规则的适应性"是其核心经验，将"交往"作为课程内容，在学习者与特定课程内容构成的教育环境之间转换，幼儿从交往主体和交往过程中获得了知识、规范、情感、行为模式等方面的丰富经验与体验。正如杜威所言："体验的持续性原理意味着每一种体验既开始于过去经历的一些事情，也包括修正将来一些方法的特性……当个体从一个情境变化到另一种情境，他的外部环境可能扩大了或变小了。不过，他会发现自己并没有因此而生活在另一个世界里，而只是存在于一个人的不同角色中或存在于同一世界的不同方面。他在问题解决中获得了知识与技能，也可以说是在某种情境中形成了一个将来的问题理解和有效解决的手段。只要生命和学习延续下去，这一过程就会继续下去。"[②]因此，幼儿的学习是以体验为基础的持续过程，幼儿在与人的交往过程中获得满足其发展需要的体验，这种持续的体验过程是融幼儿学习和发展于一体的过程。

3. 幼儿的学习是以符号世界为中介、建构自我意义的活动

符号是赋予意义的某种形式，是代表思想的通用记号或标志，用以表达思想、进行指挥或者表示愿望的一种记号、行为和姿态等[③]。幼儿的学习以表象为主，符号就成为幼儿学习经验的意义表征形式，

---

① 李其龙. 德国教学论流派. 西安：陕西人民教育出版社，1993：119-120.
② 转引自 D. A. 库伯. 体验学习——让体验成为学习和发展的源泉. 王灿明，朱水萍，等译. 上海：华东师范大学出版社，2008：24.
③ 岳剑波. 信息管理基础. 北京：清华大学出版社，1999：85.

符号的学习与运用对幼儿个体的思维和认知能力发展有重要影响。幼儿园课程内容是经过选择和经验化的符号系统。让幼儿接触一个什么样的符号系统是整合课程内容统整的关键。因此，幼儿园整合课程内容统整就意味着学习经验的多层组织，其内容统整过程为幼儿在情境化的体验中与多样化的符号接触和交往中提供了机会，尤其是以语言符号为主的表意符号，有助于幼儿在逐步适应特定的文化与情境中，学会表达、共享与自己的角色、身份相宜的文化。

幼儿的学习过程，"首先是个体进入文化，能动地掌握社会文化，实质是对人类经验的占有；其次是个体再现文化，通过个体的文化风貌和文化活动，积极介入文化环境，再现个体自身所蕴含的文化"[①]。文化是以符号的形式呈现在幼儿面前，幼儿对社会文化的获得在一定程度上依靠符号，这个符号世界包括语言、饮食、游戏、城市建构、商品包装、木偶戏、礼节、诗歌、文具等广泛的内容。而幼儿生来就是符号大师，幼儿的生活本身也需要自己的符号，一直以特定的符号来表达自己的愿望、需要。"真理是符号和符号所代表的东西之间的符号化的恰当性。"[②]这一建构主义的知识观对于幼儿而言，则意味着幼儿自己的符号所代表的一切都是真的，创造自己的符号本身就是幼儿自我的认知活动、发现活动。因此，在幼儿园整合课程实践中，教师要善于捕捉和关注幼儿的符号世界，站在幼儿的角度去感受幼儿心中萌发的意念和非语言性思考，以与幼儿心理、幼儿生活相适宜的标准来解读幼儿的符号；以特定的表情符号、体态符号把课程方案中的书面符号转化为幼儿可解读与阐释的多样化符号，为幼儿提供创造自己符号世界的时空与策略，支持幼儿在多通道地感知、体认及表现符号世界的"对话"中，认识自己所处的社会角色及相关行为，促进幼儿个性形成。

（二）幼儿学习方式的分类

幼儿学习方式是指幼儿根据其特殊的认知特点在学习过程中形成的，具有个人特色方式的学习组织方式，是其在学习时表现出来的幼

---

① 朱立言，王国元，张践，等. 哲学与当代文化. 北京：中国人民大学出版社，1998：73.
② 邢新力. 知识辩护论. 济南：山东人民出版社，1992：7.

儿独特的操作行为风格或习惯，即在完成学习任务的过程中表现出来的一种倾向性。因此，幼儿学习方式的研究包括幼儿阶段所表现出来的幼儿学习方式的共性及幼儿学习方式的个体差异性，本书侧重幼儿学习方式的共性探讨。Harry Chugani 的脑成像研究揭示，儿童的大脑在 4—10 岁阶段发展最快，最容易接受和理解知识，如果大脑在这段时间缺乏适当的刺激输入，其发展欠缺以后也难以弥补。①因此，对幼儿学习方式进行分类的研究有助于促进幼儿有效发展。

1. 发散式学习和辐合式学习

发散式学习方式强调幼儿的具体体验和反思观察，主要是幼儿通过发挥其丰富的想象力进行学习的一种活动方式。根据桑代克和皮亚杰的研究，幼儿的思维具有直观形象性，幼儿所接受的信息只是简单的刺激与反应之间的连接，幼儿的学习活动是由外界刺激引起幼儿的行为变化。由于幼儿个体体验的有限性，其对外界的刺激所产生的联想是从多角度观察具体情境，将多种关系组合成一个有意义的"整体"。因此，在小班幼儿的学习活动中，教师往往采用游戏式和情境式教学方法，选择直观形象的、生动的教具，促进幼儿结合自己的个体体验进行联想式发散学习。

辐合式学习是指幼儿根据自己的经验推理得出自己认为合乎情理的、满意的问题解决的答案。由于幼儿辐射、整合的思维能力开始发展，这就需要教师以实物、模型和语言为中介来建构一个具有问题意识的情境，幼儿通过假设推理来组织经验，集中解决某个问题，促进幼儿的概念系统发展。

2. 发现学习和有意义接受学习

发现学习最先是由布鲁纳提出，对于幼儿来说，所谓的发现学习就是指幼儿依据的兴趣、爱好和特点，以生活和游戏或基本教材为内容，通过幼儿的再发现来进行学习，主要以培养探究性思维为目标。发现学习的特点是强调内在动机和主体的积极主动性。在这个学习过程中，幼儿是积极的探究者，其直觉形象思维的作用占重要地位，因

---

① Zamorano L, Mueller R A, et al. [\r, 15\r, O]-water PET and intraoperative brain mapping: A comparison in the localization of eloquent cortex. Neurological Research, 1997, 19（6）: 601-608.

为幼儿容易受好奇心的驱使，对探究未知世界表现出极大兴趣，勇于积极地探索和发现。可见，发现学习对于培养幼儿的求知欲具有十分重要的作用。

有意义接受学习是指在对幼儿进行教育教学过程中，教师应根据各学科领域特点和幼儿自身的发展现状，将有意义材料与幼儿已有的经验和已形成的有关认知结构有机地联系起来，帮助幼儿进行学习活动。这种学习是有别于机械学习和发现学习的另一种学习，是一种新旧知识经验的相互作用和整合过程。

3. 同化学习和顺应学习

同化学习由皮亚杰提出，是指幼儿利用已有的经验模式，对新的知识体系进行整合，把来自外界的新的刺激转换成符合幼儿个体思维发展的水平而进行理解。在幼儿学习过程中，外界对幼儿的刺激是丰富多样的，除了教师预设的教学情境外，由新奇、新颖特征的事物构成的非预设性特定情境，也能引起幼儿的注意。这两种教学情境中包含的问题意识需要幼儿通过主动地创造，将之纳入已有的认知结构中。

顺应学习是指幼儿在接受外界刺激时，外界的信息刺激与幼儿原有的认知经验不一致时，幼儿改变原有的认知结构来适应现实的过程。幼儿的经验具有不系统性，对事物的理解不完整。因此，幼儿在学习活动中，凭借直觉对学习情境进行判断，依靠自己的实践操作和对幼儿教师的依赖获得新信息，不断通过尝试过程而获得发展。

4. 客体操作学习与交往学习

根据学习的组织形式，把学习划分为独立学习与合作学习。幼儿期的独立学习主要表现为幼儿对事物客体的操作学习，即幼儿通过对物体的操作和控制而实现学习的一种活动。脑科学研究表明，"随着儿童的成长，大脑依赖于经验有选择性地加强和剪除神经突触联结。虽然这个事件终生都在进行，但以 2—11 岁最显著。这些'机会之窗'代表了大脑发育过程需要某种刺激输入来产生或加强神经联结的关键时期。当然，学习新的知识和技能可以在任何一个年龄段进行，但是在关键期内儿童所学的知识将对以后产生重大的影响"①。对于

---

① David A S. Is the fuss about brain research justified?. Education Week, 1998, 18（16）: 52.

幼儿而言，客体操作学习是一种非常重要的学习，幼儿通过眼睛的观察、手的操作、触摸、摆弄等一系列作用于物的活动，发现物体的属性、变化、动作与物体变化的关系等，从而获得有关物质世界的各种直接经验的学习方式。

客体操作学习是幼儿在特定领域内进行自我指导的一种学习方式，在操作学习过程中幼儿能够积极主动地投入，对知识的探索表现出强烈的愿望，始终处在主动自愿的毫无压力的情境中，自觉主动地完成学习任务。这有利于幼儿发挥其主体性和积极性，激发幼儿的学习动机，发展其分析问题、解决问题的能力，培养主动参与的积极态度。

幼儿期的合作学习主要表现为交往学习。伴随着幼儿对自然的好奇心和作为自我激励学习者的坚持性，他们在第一个 4—5 年期间所学的东西并非是孤立学习所得。幼儿在活动中依靠成年人与儿童的关系给予补充，这些关系鼓励着儿童不断参与自己生活的社会中有技能和有价值的活动，学习是受这些社会互动的强烈影响。①交往成为幼儿期一种重要学习活动方式。幼儿的交往学习主要是指幼儿在与他人交往、互动过程中获得知识和技能、体验情感的一种学习方式。尤其是对于社会性知识而言，没有实际的交往就无法获得。同时，人际交往又为幼儿搭建了一个知识平台，幼儿在这个平台中还可以接触到其他知识，拓宽其知识视野，获得多层次、多方位的经验，从而实现幼儿园教育课程的价值。

幼儿的交往学习主要表现为两种形式。一种是与成人之间（师幼交往和亲子交往）的交往学习，即成年人帮助幼儿建立起新情境与熟悉情境之间的联系，引导幼儿进行学习，实现他们的经验结构化，并通过支持幼儿的学习意图及规定信息的复杂程度和难度来维持幼儿的好奇心，以保持幼儿的学习耐力。幼儿在成人直接指导下获得相关的知识与技能，在交往过程中潜移默化地获得情感和态度等。另一种是幼儿与同伴之间的交往学习，即幼儿与幼儿个体、与幼儿群体之间的交往学习，同伴的交往是幼儿园课程活动的重要类型，这种同伴间的交往可以有效地满足幼儿心理的需要并萌生新的需要。这种交往为幼

---

① 约翰·D. 布兰思福特，等. 人是如何学习的——大脑、心理、经验及学校. 程可拉，孙亚玲，王旭卿译. 上海：华东师范大学出版社，2002：110.

儿提供了学习技能、交流经验、相互协作与共同进步的机会，是一个交互学习的过程。

在交往过程中，幼儿之间可以产生良好的同伴关系、师幼关系，为合作学习打下基础。合作学习是指幼儿通过小组和团队的形式，通过"合作"完成学习任务。根据幼儿身心发展的差异性，其学习形式也具有一定的差异性。但是，在合作学习中，幼儿之间通过交流可以取长补短，有利于培养幼儿良好的合作关系，促进幼儿和谐发展。

因此，幼儿是在与人和自然的交互关系中进行学习的，幼儿在与物的操作关系中以及与他人的交往中通过自主建构来实现学习活动。所以，在幼儿园教育活动中，教师既要为幼儿提供丰富的、可操作的物质材料，又要为幼儿创建良好的人际交往环境。良好的师幼关系和同伴关系为幼儿整体发展建构了一个支持性系统，幼儿通过自己的生理和生态环境促进和规范自身的学习，即幼儿在良好的人际交往环境中学习社会交往的技能、态度，体验群体中的交往规则，发展其社会性，习得在协同合作中解决问题的乐趣与方法，通过交往学习促进其身心发展。

5. 游戏

在古希腊语中，"学校"的含义是"娱乐"，古罗马将负责教授基本知识的教师被称为 magister ludi（游戏先生）。可见，游戏作为儿童文化生活的主要方式，是幼儿童年生活中不可缺少的重要内容，是幼儿生活的精神家园，是幼儿教育的一大特征，也是幼儿获得幸福快乐的源泉。正如皮亚杰所言，"任何形式的心理活动最初总是在游戏中进行的"[①]。阿纳尼耶夫指出，"游戏作为活动的特殊类型具有自己的发展历史，它包括了人的生活的所有阶段。在少年期至老年期都存在着它的表现形式"[②]。这意味着放弃游戏就是放弃生命中的童真和学习。游戏是幼儿的基本活动，教师和幼儿在游戏中进行平等互动，在游戏过程中，幼儿以游戏过程为导向，以乐趣为目的，按照自己的意图和需要积极愉快地提取经验、整合各种知识和经验，使教学与生活相互融合，促进幼儿自我情感与社会现实的整合。福禄贝

---

① 皮亚杰. 儿童的心理发展. 傅统先译. 济南：山东教育出版社，1982：92.
② 转引自劳罗·德奥利维拉·利马. 游戏的战略层次. 教育展望，1986（5）：51-78.

尔指出，幼儿"在这些游戏中得到充足滋养的绝不仅仅是身体的，或者说肉体的力量，而且在不断地增长、肯定地、可靠地显示出精神和道德的力量"①。总之，游戏注重"过程"、"表现"和幼儿的自主活动，能够最大限度地顺应儿童自然发展，促进幼儿人格和谐发展。

（三）幼儿学习方式的特点

学习方式是人们在学习活动中所采用的方法以及方法使用过程中呈现出来的形式，它表现出来的是一系列的操作步骤、操作方法和在操作过程中呈现出来的形态和式样。②学习方式本身无优劣之分，任何一种学习方式都有其使用条件和应用目的，在面对不同的学习对象和课程类型时，教师应灵活运用各种不同的学习方式，做到因人施教。

幼儿的学习方式相对于小学生的学习方式而言，学习的自主性不强，是一种随意的、情境化的学习方式，而且对学习任务的认识性不强。

1. 幼儿学习的广泛性

幼儿的学习源于真实的生活体验中，结合有意义的、自然的学习情境，进行广泛意义的学习。然而，基于脑的学习（brain-based learning）的研究结果显示，大脑是一个系统化的多元结构，通过各神经元、神经核团以及各级功能区的相互作用，实现对外部世界和内部世界的宏观认知和功能表达，并对信息进行整合。以往的学科教学模式不符合幼儿的真正学习历程，而好的教学应是"和谐地结合"（orchestrate）学习者的脑所能运作的所有层面的经验，让学习者从中萃取理解与意义。同时，由脑功能的模块化功能可知，人脑能够以平行且多元的方式处理信息。因此，幼儿园整合课程若能以内容统整、多元化方式来呈现学习活动，为幼儿提供综合性、生活化的学习活动，让幼儿从多样化活动中寻找出适合其智能发展的学习方式，这将有助于不同学习特质的幼儿进行多样化学习。然而，幼儿的学习不仅

---

① 福禄贝尔. 人的教育.孙祖复译. 北京：人民教育出版社，2001：72.
② 段德斌. 几种学习方式之比较. 当代教育论坛，2003（3）：89-90.

包括认知方面的知识与技能的获得，还应包括情感、意志和动作等多方面的发展。在幼儿园教育中，日常生活的内容和游戏活动既是幼儿学习的主要内容，又是幼儿获得知识经验的途径，以实现其身心各方面的发展变化。其中，偶发性学习、发现学习、客体操作学习和单纯联想学习在幼儿学习中占据重要地位，而教师组织的、有针对性的集体活动或个别化教育教学活动占比很小，接受性学习非常少。

2. 幼儿学习的无意性

幼儿拥有了人类最本源、最和谐的天性，他们的学习主要是借助其生命活动、游戏和交流来学习。对幼儿来说，工作就是游戏，他们所做的每件事都是学习。幼儿的学习主要是运用感官及其能力认识世界，包括无意注意、身体语言和潜意识。幼儿把整个世界看成自己学习的课堂，以无意学习为主，即由于环境中某一刺激物所具有的鲜明而富有吸引力的特征引起幼儿的无意注意和无意识记，或激发其无意想象、自由的联想和思想等。研究表明，幼儿的无意学习效果明显优于有意学习效果。实际上，在幼儿的身体里，蕴藏着全部感觉、认识、情感、意志、审美和交往的秘密。洛扎洛夫的暗示教学理论认为，每个人都有一种最佳的学习状态，这是一种"放松的觉醒状态"，与毛发、心跳、呼吸频率和脑电波同步和谐。而适宜的音乐，特别是巴洛克音乐旋律，与人的生命节奏具有很好的协调作用，能使身体与大脑和谐一致。在此情况下，幼儿的边缘系统极其活跃，容易打开"超级记忆通道"，使幼儿获得最佳的学习效果。这种暗示教学理论与幼儿的无意学习相结合，可以促使知识经验积累甚少的幼儿在愉悦的环境下展开自我学习，从而最大限度地利用环境中的各种教育因素促进其身心发展。

3. 幼儿学习的无序性

因为幼儿自身的知识与技能有限、思维水平处于直观行动思维阶段与具体形象思维阶段，所以幼儿的学习方式有别于学龄儿童，其学习逻辑性呈现出一定的随机性和无序性。幼儿更多的是对生活环境中某个能引发其注意和兴趣的事物进行探究式学习，而不可能进行正规的学术性学习活动。基于此，幼儿只能结合日常生活，以亲身经历和直接参与活动的方式，用心灵去感悟，从而获得与个人知识结构、生活世界相适宜的直接经验。其所获得的知识内容是依据自身获取生活经验的顺序进行建构，不是按照知识逻辑顺序来进行的。

4. 幼儿学习的情意性

情绪情感是个体认知活动的动力系统，是认知活动的组织者，它能引发、终止或中断信息加工，特别是影响幼儿的决策和问题解决过程。人类存在着一种遗传学程序或脑活动状态，制约着每一种特定的情绪状态，即每一种情绪都受特殊的脑程序所控制，人的各种情感都有相对固定的中枢组织和特有的神经机制。因此，在幼儿学习活动中，情绪是不可或缺的角色，"情绪对儿童的认知活动以及发展起着激发、促进作用或抑制、延缓作用"[①]。幼儿根据自己的情绪和兴致支配自己的活动，因此在幼儿学习活动中，幼儿会因感兴趣而愉快地跟随老师的引导积极探索学习；有的幼儿只是迫于无奈而跟着教师机械学习；有的幼儿则会游离于教师精心策划的活动之外，另辟蹊径去探究自己感兴趣的东西；有的幼儿甚至放弃学习。这一系列的学习情绪变化是幼儿对学习活动的主观情绪体现。科学研究表明，"人除了在大脑边缘系统的有情动之情（快感、愤怒、恐惧等）以外，还有在新皮质系统，特别是在人的已经非常分化和发达了的前叶连合区域发动的情操之情。即那些伴随着目标达成、期待的实现等而产生的精神喜悦、悲哀等"[②]。因此，幼儿学习过程不仅是增长知识的过程，还是促进幼儿身心和人格健全发展的过程。所以，幼儿园教育的目标之一是通过教育以人的优秀情感将脑内组织结构及其神经加工方式固定下来，在一定程度上改变原有的遗传基因，发现并促进拥有不同情感风格的幼儿进行有效学习。

5. 幼儿学习的个性化

儿童具有个体差异性，每个儿童都有其独特性，每个儿童的学习方式在本质上都是其独特个性的体现。但幼儿学习上的差异性因其年龄特点而更加显著。幼儿的智能品质和水平，如幼儿的智力水平、认

---

① 马卡连柯. 论共产主义教育. 刘长松，杨慕之译. 北京：人民教育出版社，1954：58.
② 瞿葆奎. 教育学文集（美育）. 北京：人民教育出版社，1988：211-220.

知发展水平、认知结构状况与元认知水平等为幼儿的学习方式形成和发展奠定了基础，对幼儿的学习方式产生重要影响。加德纳的多元智能理论表明，人类的智能是多元的，每种智能发展不均衡，因智能的不同组合表现出个体间的智能差异。各种智能的发展能彼此引发与相互影响，共同作用。而且每个人或多或少拥有八种不同的智能，这八种智能代表了每个人的不同潜能，某种智能优势与否会直接影响个体的学习方式。幼儿的身心发展虽未完善，但已彰显出个体的认知风格，又因为在个体的先天与后天条件下所形成的知识经验和能力的差异，幼儿在学习动机与兴趣、学习方式方法、学习能力及学习效果等方面表现迥异。同时，幼儿心理活动的无意性和情绪化等因素会使每个幼儿在相同的教学中呈现出不同的学习风格。

第二节　幼儿园整合课程中的学习方式

一、幼儿学习方式与课程、教学的关系

（一）幼儿学习方式与课程的关系

首先，教师的课程观对幼儿学习方式的选择产生深刻的影响。长期以来，人们认为课程就是学科，认为课程就是"教材"，在一定程度上来说，课程的微观表现形式就是"教科书"。因此，教师秉持课程实施的"忠实取向"，教师在课程实施中专注于传授书本知识，教师对课程的成功发挥着关键作用，这种忠实的课程实施取向在本质上受到"技术理性"支配，将课程视为外在于学习者的静态的东西，课堂中进行"填鸭式"的知识灌输。对于幼儿而言，学习方式常常只能是被动地接受性学习。此时，幼儿感知信息和吸收处理信息的渠道是单一的，主要以视觉性学习和听觉性学习为主，因此幼儿的学习方法倾向于死记硬背、机械重复，表现为接受的、维持的、低层次的、低效学习方式。此外，幼儿教师对课程内容的选择、组织方式以及对课

程评价标准和方式的认识等都影响着幼儿学习方式的选择。例如，在传统的应试教育观下，评价学习效果的标准就是分数，学习的目的就是升学，注重学习者对书本知识掌握的熟练程度和对知识机械的死记硬背，较少进行主动学习。

教师如果将"课程"理解为"学习者的经验或体验"，就会将学习者的直接经验置于课程的中心位置，课程实施则秉持课程的"创生取向"。此时，教师的角色则为课程开发者，将课程实施的本质视为在现实的教育情境中创生（enact）新的教育经验的过程，课程实施是师幼在具体情境中创造和开发自己的课程的过程，课程评价侧重于促进幼儿自主探究能力和批判思维能力的发展。这就会促使教师在课程实施过程中更加关注幼儿进行积极的探究和反思批判性思维培养。这种课程观在本质上受到"解放理性"支配，教师就会支持幼儿选择深层次的、发现的、发展的、高层次的有效学习方式。

其次，幼儿学习方式的转变需要适宜的课程载体为支撑。对于那些注重学科知识体系、逻辑严谨的课程，幼儿应采用以接受式为主的学习方式较为合适。但对于活动类、实践类的课程，幼儿应采取以自主探究和发现式为主的学习方式。因此，幼儿学习方式的转变需要以一定的课程载体为依托，新课程背景下的幼儿园整合课程理念为幼儿转变学习方式提供了条件。其中，新课程中幼儿园科学活动的核心领域是探究性学习，倡导一种与之相适宜的自主的、发现的、合作的幼儿学习方式。这种探究性学习内容的设置为幼儿转变学习方式提供了可能并拓展了学习空间，也使新型学习方式的运用成为可能。

总之，在新型课程观下，只有根据课程形态和性质选择适当的学习方式才能获得良好的学习效果，同样以适宜的学习方式来学习课程才能实现课程的理想价值。因此，课程开发与学习方式之间有着密切联系，二者相互影响、相辅相成，对幼儿园整合课程实施和幼儿学习效果产生了很大影响。

（二）幼儿学习方式与教学的关系

1. 学习方式是教学过程的基本变量

教与学是一对密切相关的概念，幼儿学习方式构成了幼儿园教学过程的一个基本变量。申克指出："'通过教学的学习与以往光谈学习和光谈教学在概念上是不同的'，通过教学的学习包含了学习者与背景（如教师、教材、教学情境）之间的交互作用。"[①]可见，教师在教学过程中应该考虑幼儿的学习环境。传统研究方法采用"过程—结果"范式，将教学的变化与学生的产品或学习结果联系起来，忽视了教师和学生思维过程的重要作用，使得教师的教学失去了针对性，无法实现预期的教学目标。而现代研究者采用实验的方法，将影响学习者学习结果的期待、归因、价值观等置于真实的教学过程中，[②]将儿童的学习方式作为教学过程的基本变量，即涉及儿童的思想观念、情感态度、认知方式与信息处理的方式等，教师必须根据幼儿的认知风格和学习方式开展教学活动，这是幼儿园有效教学活动的前提。

2. 幼儿的学习方式与教师的教学方式共生

幼儿的学习方式是指幼儿在探索发现问题过程中的基本行为和认知取向，是幼儿在自主性、探究性和合作性方面的基本特征。美国学者纽曼从儿童活动方式的角度出发，主张学习方式是指儿童在教学活动中的参与方式。然而，传统的学习方式是把学习建立在幼儿的客体性、受动性和依赖性的基础之上，忽略了个体的主动性、能动性和独立性。各种学习理论流派提出了共同的教学原理：学习者应通过各阶段的学习不断进步，学习材料应该是有组织的、并且是以小步子呈现的，学习者需要不断练习、反馈和复习。社会榜样影响着儿童的学习和学习动机产生，学习动机和情境因素影响着学习全过程，即研究者在研究学习的概念时，把幼儿学习方式看作是幼儿的行为参与、情感参与或认知参与及社会化参与之有机整合。其中，幼儿的行为方式是载体，而认知和情感因素表达了学习方式的实质。

幼儿学习方式的转变意味着要改变幼儿的学习态度、学习意识和学习习惯等品质。例如，建构主义学习理论认为意义产生于经验，认为教学依赖于学习者和环境，教学必须在真实的情境中进行，教师在进行教学设计时需要关注和确定哪些教学方式有助于幼儿去探索问题

---

① 戴尔·H. 申克. 学习理论：教育的视角. 韦小满，等译. 江苏教育出版社，2003：21-22.

② 戴尔·H. 申克. 学习理论：教育的视角. 韦小满，等译. 江苏教育出版社，2003：22.

和提高其思维能力，重视作为学习者的幼儿拥有的各种认知及信念，鼓励幼儿逐渐形成自己对知识的理解。

二、学习方式变革的理论基础

（一）教育学的人性回归呼唤学习意义的重构，奠定了学习方式变革的价值基础

人文精神是一种普遍的人类自我关怀，表现为对人的尊严、价值、命运的维护、追求和关切。它提倡以人为本，即人为世间万物之根本，人本身的存在和需要应被视为我们认识问题的价值之最终依据和标准。在后现代社会，教育价值由注重外在价值向注重教育的内在价值转变，教育最终回归到人本身——人的生命生活，人的和谐发展成为教育本身的追求对象。在后现代教育观下，人的学习过程、教育和课程具有了生命系统的特征——相互作用。这里的"相互作用"被理解为学习者与学习环境（包括教师、文本等）之间展开了相互作用的对话，对话的本质就是对话主体双方之"视界"融合的过程，理解与反思是对话的重要特征。正如解释学家伽达默尔指出："偏见并不是骂人的话，相反，它说明我们只能从某个特定的'视界'（horizon）来理解世界，该世界为我们提供了思想和行动的起点。只有当人们能够相互展开交谈，由此产生不同的界的'融合'，形成新的共识，人与人之间的理解才是可能的。"①可见，对话是调动个体经验进入课程"视界"的有效方式，是个体认识自我与世界的重要途径。因此，"我们将教育学定义成父母与孩子、老师与学生、祖母与孙子在一起的某种际遇。简言之，即成人和一个正在成长中的年轻人之间的实际活动的关系"②。教育学存在于教师与儿童共同生活的方式中，应该使师生的每一个际遇、每一个关系、每一个情境或活动都变得具有教育学意义。教师与儿童的整个教育过程都是一种与儿童对话的际遇形

---

① 转引自钟启泉，高文，赵中建. 多维视角下的教育理论与思潮. 北京：教育科学出版社，2004：141.

② 马克斯·范梅南. 教学机智——教育智慧的意蕴. 李树英译. 北京：教育科学出版社，2005：42-46.

式，所关心的是儿童自身及其发展。

教学应注重人的生命及其发展价值，教学应以儿童的生命发展为归依，尊重儿童生命、关怀生命、拓展生命和提升生命价值和意义。这里的"意义"是指一种心理表征，斯皮维明确指出，意义是一种"'心理表征'或'意义表征'，即个体在组织和理解内容时生成的内容框架"①。意义是社会交流行为中的一种认知活动的产品，它所关心的不仅是幼儿可从教学中获得多少知识、认识多少事物，还在于幼儿的生命意义经由教学而获得彰显。在后现代教育观下，知识是价值关涉（value-relevant）的而不是价值中立（value-neutral）的，所有知识都具有局部的、存在的或境域的（contextualizational）特性，是开放的、理解的和对话的。学科间的知识界限已经被打破，新的境界得以展现，一种跨学科的知识共同体正在形成。在建构主义知识观下，新一轮基础教育课程改革倡导新的课程价值观，关注课程知识的多样性、非系统性、文化性和开放性，以形成儿童积极主动的学习态度为指向；主张儿童获得基础知识与基本技能的过程本身也是儿童学会学习和形成正确价值观的过程；重视儿童的学科知识和个体知识之间的有机联系。激进建构主义代表人物冯·格拉塞斯费尔德指出："知识既不是通过感觉也不是通过交际被动获得的，知识是由认知主体积极建构的，建构是通过新旧经验的互动实现的；认知的功能是适应，它应有助于主体对经验世界的组织，而不是去发现本体论意义上的现实。""知识是个人与别人经由磋商与和解的社会建构。"②可见，为了更好地促使学习者、知识与意义的社会性进行对话，教师必须对儿童的外部世界、已有经验世界和第三个世界（由精神世界、文化产物、语言、概念、理论以及客观知识组成的世界）进行恰当结合，提升学习内容和学习过程对学习者的价值，引起儿童的心理活动并形成某种心理结果。在一定程度上讲，这种学习目的对于儿童理解世界、解决问题、发展自我具有一定意义，使学习过程真正成为儿童主动参与的活动过程，让每个儿童都能得到充分发展。

---

　　① 钟启泉，高文，赵中建. 多维视角下的教育理论与思潮. 北京：教育科学出版社，2004：53.
　　② 钟启泉，高文，赵中建. 多维视角下的教育理论与思潮. 北京：教育科学出版社，2004：59.

综上所述，儿童本身的发展成为教育价值的最终追求，它呼唤着适宜于儿童本身发展的理想学习方式，而对学习意义的重构要求转变传统的学习方式。

（二）学习型社会的诞生，奠定了学习方式变革的社会基础

学习型社会是对现代社会发展特征的一种理论描述，就其形式来说，需要建构一个全民学习和终身学习化社会。就其实质来说，是一个"以学习求发展的社会"。学习型社会的诞生标志着人类进入一个以学习为特征的新时代，学习者的主体地位得到了真正确立，学习不仅是个体就业和生存的需要，更是人与社会和谐发展的需要。学习型社会是一个人人想学、处处充满生机和活力、积极进取与不断创新发展的社会，学习成为人们的一种生活状态和生活方式，并有相应的机制促进终身学习和保障全民学习。在这里，学习者作为"类"的共性，既是主体性与客体性的统一，又是能动性与受动性的统一，也是独立性与依赖性的统一，是复杂矛盾的统一体。就特殊性而言，学习者首先是自然的存在——掌握生存的知识和技能，独立地面对世界；其次是作为社会的存在——遵从生活规范，通过对话达到与人和谐相处；最后是精神的存在——追寻生命的价值与意义，使人性趋于至善。而人类实现终身学习的目标必须改变以被动地接受性学习方式为主导的局面，使之能够更有效地、更自主地进行发现学习和合作学习。《教育——财富蕴藏其中》指出，在 21 世纪教育的四大支柱中，第一个支柱就是学会认知，"这种学习更多的是为了掌握认识的手段，而不是获得经过系统化分类的系统知识。既可将其视为一种人生手段，也可将其视为一种人生目的"①。只有这样，个体才能在各种条件下有效学习，适应新环境和新工作。但是，儿童要学会学习，就必须变革现在学校教育体制中以接受性为主的一次性学习方式，呼唤从学会学习知识向学会学习方式的转变。

（三）多元智能理论为学习方式变革奠定了心理学基础

传统的智能观认为，人的智能是一种单一的能力。所以，对儿童

---

① 联合国教科文组织. 教育——财富蕴藏其中. 联合国教科文组织总部中文科译. 北京：教育科学出版社，1996：76.

的智力测试局限在语言与逻辑方面，并假定个体特质能被单一的、标准的、可量化的数据所描述。儿童的学习内容局限于书本知识和科学实验，教师对所有儿童采用相似的教育方式，忽视儿童在学习中的情感体验、不同儿童的优势学习方式，乃至忽视儿童的学习过程。儿童的思考方式主要通过语言和推理来进行，儿童的学习风格局限于听、说、读、写，这种单一性学习方式成为一种软制度化的凝固存在，在学校学习方式中占据主导地位。弗莱雷对此指出："没有了对话，就没有了交流；没有了交流，也就没有真正的教育。"①可见，这种统一的、呆板的、低效的学习方式无法实现儿童学习的教育价值和课程价值。

多元智能的心理学发现，为现代社会的教育价值和课程价值提供了新的理论基础。加德纳（Gardner）于 1983 年在《智力的结构》中指出，所有的个体都拥有 7 种相对独立的智能：语言、逻辑数理、视觉空间、音乐节奏、身体运动、人际交往、自我反省，每一种智能都有自己的符号系统和解决问题的方法。1995 年和 1999 年，加德纳又先后提出了自然观察者智力与生存智力。事实上，多元智能的提出是在向传统一元化的心理学智能观提出挑战。根据该理论，每个儿童与生俱来就各不相同，每个儿童身上有不同的智能组合、心理倾向和学习风格。

儿童是多元智能的存在，教育者应当为儿童提供多元发展的机会，通过对智力潜能的发现来扩大学习的内容领域和知识的表征形式，促进以往被忽略的智力开发，充分发掘儿童身上隐藏着的巨大潜力，从整体上提高人的智能素质。正是由于确认人的多元智能存在，加德纳依据现代教育观所强调的多元性和差异性，将多元智能与儿童的学习风格进行整合，为每个儿童提供更适合其发展的个性化学习方式。

（四）学习方式的转变需要一定的课程载体为依托

一定的课程形态和性质必然对应了适宜的学习方式，只有当学习方式适应了该种课程的形态和性质后，才能实现课程创设的美好理

---

① 保罗·弗莱雷. 被压迫者教育学. 顾建新，赵友华，何曙荣译. 上海：华东师范大学出版社，2001：41.

想。我国基础教育课程改革明确提出幼儿园课程属于综合课程，这种新型课程形态的开发对应着以自主探究和发现式为主的学习方式。为促使儿童学习方式发生根本性变革，保证儿童自主性、探索性的学习落到实处，我国基础教育课程改革通过课程结构调整，使儿童的活动时间和空间在课程中获得合法地位。同时，新课程标准通过改变学习内容的呈现方式，确立儿童的主体地位，促进儿童积极主动地学习，使学习成为儿童不断发现问题、提出问题、解决问题的探索过程。此外，针对不同的学习内容，选择不同的学习方式，使儿童的学习变得丰富而有个性。

新课程的设置着眼于儿童学习方式的转变，这种新的学习方式是一个多维度、多层次结构的开放系统。从本质上看，这是弘扬儿童的主体地位，倡导儿童在学习中的合作与探究精神，引导和帮助儿童进行主动的、富有个性的学习，以期促进人的可持续性发展。

三、新课程下学习方式的基本特征

伴随人类文明的进步，新的哲学观、科学观、文化观与知识观的不断提出，也引发了人类因对教育和课程的理解不同而产生的相应变革。课程观从工具理性到实践理性再到解放理性，教学论从唯知主义到建构主义，每次飞跃都是朝着"属于人的自由"（雅斯贝尔斯）这一崇高境界迈进。《基础教育课程改革纲要（试行）》将转变课程理念、目标和学生学习方式作为改革的重要任务，要求基础教育课程必须着眼于儿童潜能的唤醒、发掘与提升，促进儿童自主发展；必须着眼于儿童的整体成长，促进儿童认知、情感、态度与技能等方面和谐发展；必须关注儿童的生活世界和儿童的独特需要，促进儿童个性化发展；必须关注儿童终身学习的愿望和能力的形成——倡导儿童主动参与、乐于探究、勤于动手，培养儿童收集和处理信息的能力，获取新知识的能力，分析和解决问题以及交流的能力，为儿童可持续发展奠定坚实的基础。

基于此，新课程下的学习方式主要采用研究性、参与性、体验性和实践性学习方式，通过技术层面和精神层面整合实现学习方式的主动性和多样性。

（一）自主性

学习方式的本质是人的存在方式之一。实现人的自主性是新型学习方式的首要特征，它对应着传统学习方式的被动性。这意味着摆脱传统学习方式的客体性、受动性与依赖性桎梏，将学习变成不断生成、张扬、发展、提升的过程。这是一场学习观的根本变革，即学习是一种发自内心的精神解放运动，是"自我导向、自我激励、自我监控"的学习，是从"要我学"转变为"我要学"的学习观。"我要学"是基于儿童对学习的一种内在需要，是儿童积极主动的学习意义建构。儿童学习的内在需要主要表现为学习兴趣，这种兴趣有直接和间接之分，直接兴趣指向过程本身，间接兴趣指向活动结果。儿童一旦有了学习兴趣，特别是直接兴趣，学习活动对他们来说就是一种愉悦的体验。

学习的自主性呼唤学习的独立性，两者相辅相成，共同构建新型的学习方式。在学习活动中，自主性表现为"我要学"，而独立性则表现为"我能学"，对应于传统学习方式的依赖性。每个儿童（除有特殊原因外）都有相当巨大的潜力和显在的独立学习能力。但是，传统的教学常常低估、漠视儿童的独立学习能力，忽视、压制儿童的独立要求，从而导致儿童不断丧失独立性。新课程改革要求教师应充分尊重儿童的独立性，将整个教学过程转化为"以学定教"的过程。在这个过程中，教师应积极鼓励儿童独立学习，并为儿童创造独立学习的机会，不断培养和提高儿童独立学习的能力。

自主学习是一种元认知监控的学习，是一种真正的有意义学习。元认知包括儿童进行自我调整和反思自己表现的能力，主要表现为儿童对学习的自我规划、自我调整、自我指导、自我强化。其中，儿童的自我调整能力出现较早，包括自己制定学习计划与监控成功的能力。儿童期的元认知学习表现为学习责任的形成，使儿童意识到学习是谁的事情，谁应当对学习承担责任。只有当儿童真正自觉地担负起学习的责任，能把学习与自己的生活有机联系起来时，这种学习才能成为真正的自我学习。

（二）独特性

独特性是新型学习方式的重要特征，意味着差异性。每个儿童都是一个生命主体，有自己独特的内心世界、精神世界和内在感受，有着不同于他人的观察、思考和解决问题的方式，即儿童作为一个主体，是积极能动的存在，是感性活动（实践主体）和认知活动（认知主体）的发出者，具有独立的人格和独特的个性，表达的是作为人存在的地位和意义。每个儿童都在自主地、能动地生成、建构着自己的精神世界，其学习方式本质上都是其独特个性的体现。正如多元智力理论所言，每个人的智慧类型不一样，其思考方式、学习需要、学习优势和学习风格也不尽相同。每个儿童在学习同一内容时，实际具备的认知基础和情感准备以及学习能力倾向不同，这就决定了每个儿童对同样内容和任务的学习速度以及掌握它所需要的时间、所需要的帮助也不同。

有效的学习方式必须是个性化的，这意味着教育过程应尊重每个儿童的独特个性，并把它视为一种亟待开发和利用的课程资源。因此，教师要对儿童实施人性关怀，透过多种学习资源的整合，凸显融知识、意义、价值、理念与情感为一体的儿童学习过程；儿童在以知识获得为主线的学习过程中，体验了学习的乐趣，获得了成功的喜悦。而这一学习过程就是儿童生命发展的历程，也是儿童个性追求的过程。

（三）体验性

体验性是新型学习方式的突出特征。"体验"（lived experience）作为一种价值取向，立足于人与自然、社会整体有机统一的"存在界"，根植于人的精神世界，以想象为基础，将个性意义置于学习的核心位置，以个性发展为归依。在后现代教育观下，基于价值引导与自主建构相统一的个性化学习方式，是对学习者潜能的开发、灵性的唤醒、独特性的彰显与主体性的弘扬；同时，师生作为学习共同体，两者之间的对话是教育过程的核心环节，《教育——财富蕴藏其中》指出："通过对话和各自阐述自己的理由进行争论，这是 21 世纪教育需要的一种手段。"[①]可见，师生对话是"学习和认识过程中不可或缺的组成部分"[②]，师生之间对话过程是思想、真理、意义、情感的潜移默化过程，是彼此对经验的共享、视界的融合与灵魂的感召，以促进个体的精神发展变革。

　　教育对话过程中伴随儿童的深度参与和丰富体验，"对话是展示意义和把握意义的过程，学生就在这种对话的参与中获得了教育。因此，对话并不是把某种真理、意义、态度传递给另一方的方式和手段，对话过程本身'揭示'了真理，它使真理'显现'出来，从而通过学生的理解而接受"[③]。这种体验性激发着儿童的思维与情感，使儿童与儿童之间、儿童与教师更加理解、宽容、博爱，使学习进入人的生命领域。在儿童的实际学习活动中，这种体验性首先表现为身体性参与。学习不仅需要儿童用大脑思考，更需要儿童用眼睛看、耳朵听、嘴巴说以及用手操作，即用身体的各个部位去亲自经历，用心灵去亲自感悟。这不仅是理解知识的需要，更是激发儿童生命活力和促进儿童生命成长的需要。基于此，21 世纪幼儿园课程改革特别强调幼儿的深度参与，在《幼儿园教育指导纲要（试行）》与《3—6 岁儿童学习与发展指南（试行）》中高频次出现了"活动、操作、探索、探究、游戏"等词语，强调幼儿的"感受""想法""经历""体验"，特别重视幼儿的生活经验，把幼儿的个人知识、直接经验、生活世界作为重要的学习资源。正如狄而泰所言，"生活体验对我来说并不像被觉察或呈现出来的事物那样'与我相遇'，它并未向我显现，但事实上生活体验确实与我共在，因为我能够以反思的形式意识到它，从

---

　　① 联合国教科文组织. 教育——财富蕴藏其中. 联合国教科文组织总部中文科译. 北京：教育科学出版社，1996：84.

　　② 保罗·弗莱雷. 被压迫者教育学. 顾建新，赵友华，何曙荣译. 上海：华东师范大学出版社，2001：7.

　　③ 金生鈜. 理解与教育——走向哲学解释学的教育哲学导论. 北京：教育科学出版社，1997：133.

一定意义上讲，我直接占有它，就像它完全属于我一样。它只有在思想中才变得客观具体"①。这次课程改革十分尊重"儿童文化"，彰显出发掘"童心"、"童真"和"童趣"的课程价值，教师通过创设"有准备的教育环境"实现了将间接经验整合、转化为儿童的直接经验，鼓励儿童对生活世界进行自我解读、自我理解，尤为尊重儿童的个人感受和独特见解，把儿童对直接经验的改造、发展作为学习的重要目的，使其学习过程成为张扬儿童个性色彩的过程。

（四）问题性

问题是科学研究的出发点，没有问题就不会有分析问题和解决问题的思想、方法和知识。因而，问题是思想方法、知识积累和发展的逻辑力量，是生长新思想、新方法、新知识的种子。同样，儿童学习也必须重视问题的作用。现代教学论研究指出，从本质上讲，感知不是学习产生的根本原因（尽管儿童学习是需要感知的），其真正产生的原因在于问题的出现。如果没有问题，儿童的求知欲就难以诱发和激起；如果没有问题或者感觉不到问题的存在，儿童就不会深入思考，其学习就只能停留在表层和形式上。所以，新型学习方式特别强调问题对学习活动的价值。一方面，它强调儿童通过问题来进行学习，把问题看作学习的动力、起点和贯穿学习过程的主线；另一方面，它通过学习来生成问题，把学习过程看作发现问题、提出问题、分析问题和解决问题的过程。在新型学习方式中特别注重培养儿童的问题意识，问题意识是指问题成为儿童感知和思维的对象，从而在儿童心里形成一种悬而未决但又必须解决的求知状态。问题意识不仅可以激发儿童强烈的学习愿望，还可以激发儿童勇于探索、创造和追求真理的科学精神。没有强烈的问题意识，就无法激发儿童认识的冲动性和思维的活跃性，更不可能激发儿童的求异思维和创造思维。所以，问题意识是儿童进行学习特别是发现学习、探究学习和研究性学

---

① 马克斯·范梅南. 生活体验研究——人文科学视野中的教育学. 宋广文，等译. 北京：教育科学出版社，2003：44.

习的重要心理因素。

综上所述，新型学习方式的四个特点各具特色，彼此相互联系、相互渗透。它们虽然是从不同角度提出的，却是一个有机整体。我们必须从整体高度来全面把握新型学习方式的精神实质，这样才能有效地促进儿童学习方式转变。

四、幼儿园整合课程与学科课程学习方式的比较

《基础教育课程改革纲要（试行）》提出，倡导儿童主动参与、探究发现、交流合作的学习方式，注重儿童的经验与学习兴趣，使学习过程成为学习者亲身参与、丰富生动的思维过程，经历实践与创新的过程，成为从"学会"的被动、静态过程到"会学"的主动、动态过程。[①] 由此可见，建立和形成旨在充分调动、发挥学习者主体性的多样化和差异性学习方式，促进儿童在教师指导下主动地、富有个性地学习，从而促进知识与技能、过程与方法、情感态度价值观"三位一体"整合，成为本次课程改革的显著特征和核心任务。

学习方式受到课程范畴的制约，其侧重和应用有所差别。下面将对幼儿园整合课程与学科课程中的主要学习方式进行比较。

（一）自主性方面

自主性是新型学习方式的首要特征和内在品质。21 世纪是个体展示自我、超越自我的时代。马斯洛的需要层次理论告诉我们，人的需要可分为七个层次，即生理需要、安全需要、归属和爱的需要、尊重需要、认知需要、审美需要和自我实现需要。此外，艾里克森的人格发展理论也指出，在 3—6 岁年龄阶段，儿童的人格发展处在"自主对羞怯和疑虑""主动对内疚"阶段。因此，幼儿的自主性实现是课程变革需要达成的首要目标。

幼儿园学科课程主要采取授受式教学方式，与之相应的是授受式

---

① 钟启泉，崔允漷，张华. 为了中华民族的复兴 为了每位学生的发展《基础教育课程改革纲要（试行）》解读. 上海：华东师范大学出版社，2001：58-62.

学习，即以被动学习为主要方式。传统的幼儿园教育方式让幼儿处于被动学习地位，幼儿在学习中主要是接受现成结论和前人经验，教学效率是根据作为个体的学习者在头脑中储存知识的多少来确定。幼儿的学习是复制教师所传递知识的内部心理过程。教育过程忽视了幼儿已有的经验与体会，"你讲我听""你说我做"的局面在幼儿园教学中屡见不鲜，幼儿处于教学视野的盲区。尽管在传统授受式的教学方式中，教师也强调发挥幼儿的主体作用，但往往是教师呈现信息，幼儿理解、记忆、存储信息以及提取信息，其教育活动成为讲解与示范的主体（教师）和耐心倾听和按照要求做的客体（幼儿）间的关系，幼儿园教育过程成为"主体—中介—客体"模式，师幼间是一种对象化关系，忽视了师幼间基于探究真理的对话、交流，幼儿处于被动接受地位，其主体地位受到侵犯而失落。正如保罗·弗莱雷在《被压迫者的教育学》中指出的："教育变成了一种存储行为。学生是保管人，教师是储户。教师不是去交流，而是发表公报，让学生耐心地接受、记忆和重复存储材料。这就是'存储式'的教育概念（banking concept of education）这种教育让学生只能接受、输入并储存知识……在'存储式'教育中，知识是那些自以为知识渊博的人赐予在他们看来一无所知的人的一种恩赐。他把人想象成绝对的无知者，这是压迫意识的特征，它否认了教育和知识是探究的过程。"①它使幼儿园教育活动丧失了生命的意义，忽视了生命的激情对话和心与心的交融，幼儿的生命丧失了自由和尊严。

幼儿园整合课程注重情意发展，注重提升幼儿日渐觉醒的自主意识。21世纪的儿童是在电视、互联网前成长起来的，他们获取知识和信息的渠道更为多样化，具有较强的独立性和自主意识，对人与事的认识更敏锐，有自己的见解，渴望参与，崇尚自由。因此，儿童在学习过程中重视以自己的经验和信息为背景来分析问题、认识问题，儿童对各种社会问题和道德问题可以大胆发表见解。基于建构主义学习理论，注重幼儿学习的主动性、建构性、情境性和丰富意义的展开，幼儿园课程资源由学习建构而成的生态化环境构成。幼儿园整合

---

① 保罗·弗莱雷. 被压迫者教育学. 顾建新，赵友华，何曙荣译. 上海：华东师范大学出版社，2001：25.

课程作为一种学习化课程，以幼儿学习为本，主题的选择和形成源于幼儿的生活和经验，关注知识和学习环境对幼儿生活和学习进程本身的意义性；侧重于幼儿学习心理发生的逻辑，注重幼儿在操作过程和交往过程中学习，幼儿的学习不局限于客观知识的接受与记忆，而更多地表现为幼儿在学习境域中通过对话与协商主动建构知识和获得生命意义的过程。

在幼儿园整合课程中，要求教师尊重幼儿的思考和选择，从幼儿的实际出发，鼓励幼儿对生活和社会的问题进行个性化理解，特别是在涉及个人体验与判断的问题上，引导幼儿通过自己的思考得出结论，不把既定的结论强加于幼儿。例如，南京师范大学出版社出版的《幼儿园活动整合课程（中班下）》"我家和我家附近的……"单元，立足于"从幼儿周围环境中获得的生活经验是对孩子影响最直接、最深刻的"的课程理念，由"大黄猫进城、兜风、早起工作的人、幼儿园附近、公园里、散步去、到公园走走、我家的植物、植物在喝水、我会穿衣服、村居、奶奶的家、回家"等主题组成，涉及幼儿的认知、情感、态度与能力和学习方法等层面。以主题"幼儿园附近"为例，一位大学附属幼儿园教师在进行主题教育活动时，由幼儿对幼儿园周围环境进行调查，通过师幼共同讨论散步时"看到了什么？有哪些有趣的地方？"，确立次主题"公园、商店、马路、学校（小学、附中）"，再对次主题进行分组讨论，逐步展开，最后通过幼儿个人、分组、集体对这些主题系列进行创作，并以图画、音乐为主要形式创作"幼儿园附近"。这位教师充分利用幼儿园周围的学习资源，通过师幼间"对话"方式将思考权利和选择权利还给儿童，不用既定的结论来代替和遏制幼儿思考的快乐，使幼儿的收获更富于个性化、合理化。因此，幼儿园整合课程更多的是鼓励幼儿主动探究、自主地学习。

（二）交互性方面

在幼儿园学科课程教学中，教育传播是由幼儿教师按照一定的教学目标和要求，选定合适的教育信息，把知识、技能、思想、观念等传送给幼儿的活动。这一教育方式更多的是将教育信息幼儿教师对幼儿的单向传递，幼儿没有与信息物之间进行"互动"，幼儿与幼儿、教师之间无法进行充分交流、沟通。这样的教育使幼儿的学习缺乏交互性和合作性，幼儿犹如在"孤岛"上学习，不利于幼儿长足发展。刘晶波对 589 个师幼互动行为事件进行了考察，结果表明，传递知识与技能给幼儿正是促使教师与幼儿进行互动作的最为核心的动因……而且，幼儿离开幼儿园进入小学后普遍表现出一定的不适应，原因之一是有些小学课堂里的教学内容已经在幼儿园里教给孩子，因此无法让孩子保持兴趣和注意力集中。[①]她认为，幼儿园教育活动的师幼互动表现出：以浓厚的事务性为主导动因、非对称相倚型为主导形态，以传递固有知识与技能、维护既存规则与规范为主导内容，以高控制、高约束与高服从、高依赖为主导行为。[②]由此可见，幼儿园学科课程教学在幼儿学习过程中的交互性具有较强的单向控制性，无法通过对话来实现对称互惠式交互作用。

社会建构主义认为，知识不仅是个体在与物理环境的相互作用中建构起来的，而且其社会性的交互作用更加重要。人的高级心理机能的发展是社会性交互作用内化的结果。主张学习不是既定的（专家预先组织好的知识体系）而是动态变化的，是由不同信息和教育因素交互作用而生成的。一方面，学习者在以前的知识学习、信息交流中建构了自己独有的经验体系，因而在面对某个问题之时，总能形成自己独有的观念和见解；另一方面，在学习进程中，学习者不断地与各种信息进行"交互"作用，以便能够理解各种知识所表述的问题，继续构建和完善自己的经验体系。因此，在教育和学习过程中，儿童面对各种各样的独特的经验体系，如果教师能够利用这些不同的经验体系通过相互交流来共同解决面对的问题，总能形成更为丰富全面的理解。同时，学习者可以与教育者等信息源展开充分沟通。这种社会性交互作用可以为幼儿知识建构提供更为丰富的资源和积极支持，更是幼儿园整合课程展示世界完整图景的内在要求，是社会进步和发展的要求。联合国教科文组织提出终身学习的四大支柱之"学会共处"（learning to live together），既是一种学习理念，本质上也是一种生存

---

① 刘晶波. 师幼互动行为研究——我在幼儿园里看到了什么. 南京：南京师范大学出版社，1999：261.

② 刘晶波. 师幼互动行为研究——我在幼儿园里看到了什么. 南京：南京师范大学出版社，1999：240.

理念，即学习者通过学习来改善生存方式，加强人际间的横向与纵向交流沟通，积极与人合作共享，提高生存质量。

合作学习是新课程大力倡导的一种学习方式，是幼儿园整合课程常用的一种学习方式。幼儿园整合课程采用主题呈现方式，主题的展开以学习小组为单位，在教师引导下进行互助性学习，形成学习共同体，具有平等而对称的交互性。它强调通过师幼合作、幼幼合作而达到共同的教学目标，具有互动性、互助性、活动性、形式多样化等特征。互动性是指学习成员之间有语言、情感上的交流，有行动上的配合，有心理和行为上的相互影响；互助性是指成员之间的互教互学、相互帮助、相互激励；活动性是指幼儿和教师之间有相互切磋、共同探讨或协作的实际活动；形式多样化是指合作学习可与多种方式配合，产生讨论、调查、角色扮演、合作探究等多种形式。

在幼儿园整合课程学习过程中，教师与幼儿作为社会角色来看待，将课程内容作为主流文化、将教师个人和儿童群体作为亚文化，将有目的、有计划的人际关系作为社会活动。弗莱雷指出："教师学生（teacher-student）及学生教师（student-teacher）。教师不仅仅是受业者，在与学生的对话中，教师本身也得到教益，学生在被教的同时反过来也在教育教师，他们合作起来共同成长。"[①]师幼作为一群学习个体在共同探究有关知识领域的过程中进行相互对话、互相合作，它让学习成为一种在合作关系中通过人际交往而进行的社会活动过程，这有利于幼儿社会性发展，从小培养幼儿的合作精神和团队意识。从一定意义上讲，合作学习是师幼间交互作用的一种载体，更是一种能力和素养。正如雅斯贝尔斯所言，教育是人与人精神相契合的活动，人与人的交往是双方（我与你）的对话和敞亮，这种我与你的关系是人类历史文化的核心。[②]幼儿园整合课程旨在通过对话来促进师幼间交互作用，促使幼儿在个体经验基础上进行合作性、建设性意义的生成过程，而幼儿通过认识世界、认识自我从而确认其存在与生成意义。

---

① 保罗·弗莱雷. 被压迫者教育学. 顾建新，赵友华，何曙荣译. 上海：华东师范大学出版社，2001：1.

② 卡尔·雅斯贝尔斯. 什么是教育. 邹进译. 北京：生活·读书·新知三联书店，1991：1-4，33.

（三）情境性方面

在幼儿园学科课程的集中教学活动中，教师向幼儿呈现的信息是从具体情境抽象出来的概括性知识，排除了幼儿原有的生活背景信息，从而导致幼儿难以适应具体情境的变化。而且这些信息基本上以符号载体的形式出现，失去了实际生活的丰富与生动性，不能唤起学习者的兴趣。1929 年，阿尔弗雷德·诺斯·怀特海（Whitehead）就指出，学生在学校中学习知识的方式导致了"惰性知识"的产生，学生在学校中所学的知识仅仅是为了考试做准备，而不能解决实际问题。由此可见，传统学习方式过分强调教师孤立、抽象地教授给幼儿知识会导致"惰性知识"的产生，突出知识的接受性与掌握程度，而忽视了知识的发现与探究过程，从而在实践中导致了对幼儿认识过程的极端处理。这种学习会抑制人的思维和智力发展，摧残人的学习兴趣和热情，进而成为幼儿发展的阻力。

在幼儿园整合课程下，幼儿的学习是在情境中进行，并以幼儿生活为背景，在幼儿一日活动的真实情境中学习。情境学习理论认为：知识的学习必须具备"在有意义的情境中学习，通过主动学习获得知识"的特点；有用知识的获得必须镶嵌在真实的幼儿生活情境中，知识是活动、情境和文化的产品——"它意味着，在特殊和普遍性的许多层面上，一个特定的社会实践与活动系统中社会过程的其他方面具有多重交互联系"，"人类的知识和互动不能与这个世界分割开来。如果这样做，就是在研究离开躯壳的智力，这种智力是人造的、不真实的和不具备实际行为的特点的。情境和人们从事的活动是真正重要的"。[1]杜威的"经验学习"理论明确指出，为了保障人类经验的传承和改造，学校教育必须为学生提供一定的材料；而要获得真知，就必须借助常识以及知识的运用、改造等实践活动。在这些实践活动中，如果幼儿不能参与实际情境与课程内容整合的过程，就很难实现原本的课程创生理想。据此，在师幼共同创设的主题活动中，幼儿通过情境获得的经验更具真实性，学习活动发生于幼儿真实行为所发生

---

① 钟启泉，高文，赵中建. 多维视角下的教育理论与思潮. 北京：教育科学出版社，2004：59.

的社会网络和活动系统中，幼儿通过共同体的"合法的边缘参与"过程习得丰富的经验和对身份的建构。这里的"真实"基于使幼儿寻求和自己有关的（生活的各方面）、感兴趣的、类似于科学家在专业领域中探索规律的活动，幼儿可以从中获得真实体验。这种真实体验是通过幼儿在做的过程中基于幼儿感兴趣的、源于生活情境而获得。而且，在幼儿园整合课程内容统整中，幼儿的学习指向生活的真实问题与真实世界，具有明确的意义。幼儿通过合作的、利用工具的、主动的探究活动寻找解决问题的方法，将学习活动置于真实的情境中，从而对幼儿产生意义。

（四）探究性方面

探究是幼儿认识世界的重要方式，幼儿在探究过程中建构的知识、观念和感受最持久。同时，探究是满足幼儿求知欲的重要手段，有利于激发和保护幼儿的好奇心，培养幼儿积极的人生态度，使其感受探究带来的喜悦。这对幼儿以后富于个性的生活产生影响，有利于实现幼儿园整合课程中情感教育的深层目标。

探究性学习是教师围绕幼儿学习和生活中感兴趣的问题，通过创设丰富的活动环境激发幼儿提出多种问题并形成研究主题，引导幼儿采用探究方式去获取知识与解决问题的学习活动。它表现出两个突出的特点。首先是问题性。问题是探究的钥匙，在以问题为中心的主题活动驱动下，选择与儿童生活经验有关的问题，儿童在教师指导下发现问题、研究问题，最终解决问题。其次是过程性。儿童的探究和科学家的探究在本质上具有一致性，两者都经历着一个"类创造"的过程，是个体发现问题、分析问题、解决问题的过程。

在幼儿园分科课程模式下，幼儿的探究性学习在课堂教学中进行，其目的让幼儿获得一种得到答案的成就感。正如马斯洛所言："幼儿园教育能够做些什么来对抗死的愿望，小学一年级能够做些什么来增强生的愿望呢？也许他们能做的最重要的事是让孩子们得到一种成就感。"①而分科课程模式和学习观背后支撑的教育理念更为注

---

① 马斯洛. 人性能达到的境界. 林方译. 昆明：云南人民出版社，1987：89.

重教育活动的秩序和纪律，维护教师的"师道尊严"，而忽视了幼儿的高峰体验（peak experience）和生活意义。根据皮亚杰的学习与认知发展模式，学习的关键是依赖于一个交互作用的过程，其中融合了内部概念或经验图式的顺应过程、外部实践与经验同化到已有观念或图式的过程。这两个过程都促使个体融合过去与现在经验、逐步提高的认知技能，凸显了幼儿主动探究的重要价值。

　　幼儿园整合课程中的探究性学习，以幼儿的生活和兴趣作为问题的起点，注重幼儿的思维能力培养。正如杜威所言，"思维就是明智的学习方法"[①]，"就是有教育意义的经验的方法……教学法的要素和思维的要素是相同的。这些要素是：第一，学生要有一个真实的经验的情境——要有一个对活动本身感到兴趣的连续的活动；第二，在这个情境内部产生一个真实的问题，作为思维的刺激物；第三，他要占有知识资料，从事必要的观察，对付这个问题；第四，他必须负责有条不紊地开展他所想出的解决问题的方法；第五，他要有机会和需要通过应用检验他的观念，使这个观念意义明确，并且让他自己发现是否有效"[②]。由此揭示了幼儿探究式学习的问题性和过程性特征，与之相适应的课程应是具有较强的经验性、活动性和情境性特征的幼儿园整合课程。杜威进一步指出："知识与智慧的区别，是多年来存在的老问题，然而还需要不断地重新提出来。知识仅仅是已经获得并储存起来的学问；而智慧则是运用学问去指导改善生活的各种能力。"[③]其目的是通过启迪幼儿的思维来开启幼儿幽闭的心灵，启迪幼儿潜在的智慧，促进幼儿的思维与智慧发展。

　　因此，幼儿园整合课程要求转变幼儿的学习方式，即提倡和发展多样化的学习方式，尤其是提倡自主、探究与合作的学习方式。马斯洛指出，教育的目的即"人的目的"，教育的使命是"一部分要理解你是什么人，一部分要能够谛听你内在的声音，这就是发现你要用你的生命做什么……揭示一个人将为之献身的圣坛"[④]。其根本目的在于教师能够激发幼儿主动参与到学习活动中，以探究方式使幼儿的生

　　① 杜威. 民主主义与教育. 王承诸译. 北京：人民教育出版社，1990：162.
　　② 杜威. 民主主义与教育. 王承诸译. 北京：人民教育出版社，1990：174.
　　③ 杜威. 我们怎样思维、经验与教育. 姜文闵译. 北京：人民教育出版社，2005：53.
　　④ 马斯洛. 人性能达到的境界. 林方译. 昆明：云南人民出版社，1987：87.

活和经验具有统一性和完整性，帮助幼儿不断地发现生命的价值，培养完整的生活态度和人类精神。在幼儿园整合课程中，幼儿可以自主探索，虽然在时间上不经济，过程与方法较为粗糙，也面临着诸多的困惑、挫折和失败，但这是幼儿园教育作为一种人类特殊实践活动的重要表征之一，是幼儿终生学习、生长、发展与创造的必经历程，也是幼儿的能力、智慧发展的内在要求。

五、幼儿园整合课程中的幼儿学习方式特点

幼儿的学习方式以弘扬幼儿的主体性和形成关于人的价值为宗旨，以促进幼儿的可持续发展为目的。而学习方式必然会受到课程范畴的制约。幼儿园整合课程的内在属性要求幼儿能够有效运用自主、合作、探究等多种学习方式；同时，在幼儿园整合教育价值观统摄下，其内容统整为幼儿展示了一个融幼儿园生活与真实世界相联系的广阔图景，构建了一个有益于幼儿个性协调发展的开放系统。

（一）偶发性与自主性统一

《中庸》开篇指出："天命之谓性，率性之谓道，修道之谓教。"它说明了人性之善且与生俱来的秉性可以通过学习得以发展和提升。幼儿园整合课程注重个体情意元素的发展，提升幼儿日益觉醒的自主意识。幼儿在整合课程中的自主性学习与学生的自主性学习有所差异。学生的自主性学习在更大程度上是通过激发学生的学习需要，激发学生主动学习，形成一种学习的自律性。而幼儿的自主性学习具有无意性和自动性的特点，主要以无意学习为主，即由于环境中某一新颖的刺激物所具有的鲜明而富有吸引力的特征，引起和保持了幼儿的无意注意和无意识记。它主要表现为幼儿在学习中常常会对偶发事件产生兴趣，进而引发活动和进行探索性学习，并在学习中满足其自然需要。教师的任务在于对幼儿进行因势利导，并通过人际互动及幼儿与物的互动而发展其自主性。例如，重庆市公安局幼儿园一位大班小朋友艾××在"真奇妙"的活动区中，看见另一位小朋友

晨××在玩颜色鲜艳的电池，而且晨××用一节电池、电线和灯泡进行试验，并看见灯泡发出光芒；艾××也充满好奇地拿出活动区的另一节电池开始试验，他用电线将灯泡和电池连接起来，但灯泡并未发光，他又将灯泡与电池对换了位置，还是没有发光，但他发现电池很烫，疑惑地去询问老师，老师没有说话。艾××一直坚持了五分钟左右的试验行为，最后放弃了自己的行为转而去观察同伴晨××的灯泡实验。随后又有许多小朋友也来进行此实验。最终，小朋友们在老师引导下生成了"电灯泡发光"的主题。该主题的产生最初是由于幼儿偶发的好奇心而引起的，由个别幼儿的探究行为到多数幼儿对此产生了强烈的探究欲望，从而促使教师与幼儿共同协商研讨而生成新的主题——"电灯泡发光"。教师给予了幼儿充分的探究空间，引导幼儿查找资料、讨论和制作小册子等自主性学习。幼儿园整合课程是一种开放性、生成性的课程，为幼儿这种率性而为的偶发性学习向自主学习提供了空间。

（二）合作性与情境性统一

合作性学习是针对在教学条件下学习的组织形式而言。合作性学习是以幼儿小组为单位，在教师指导下学习，通过师幼合作、幼幼合作达到共同的教学目标。合作性学习强调学习的社会性，将教师与儿童视为社会角色，将课程内容视为主流文化、将教师个人和儿童群体视为亚文化，将师幼间的人际交往视为社会活动。合作性学习使幼儿的学习成为一种合作型组织——基于人际交往而进行的社会活动过程，这更有利于幼儿的社会性发展。

课程的情境性是指由课程内容引发学习兴趣并积极主动学习的特性。幼儿园整合课程内容是对幼儿社会文化生活的反映，基于幼儿生活具有较强的情境性，故能充分激发其情感力量，吸引和维持其学习注意力。幼儿"在生活中和行动中接受和理解事物，比之单纯地通过言语和概念吸收和感受事物，对于人的发展、形成和加强远为有力……"[①]。同时，由于幼儿的自控能力较差，其情感与认知方式易

---

① 福禄贝尔. 人的教育. 孙祖复译. 北京：人民教育出版社，1991：230-231.

受外界环境与同伴的影响。基于幼儿的泛灵性、活泼好动、好奇心强等特点，幼儿在直接感知的情境中，"通过生活和从生活中学习，要比任何方式的学习更深入和更容易理解……"①，其学习效果更好。在幼儿园整合课程内容统整下，这里的情境性是指问题解决的情境和幼儿可感知的互动环境。以幼儿的"换牙"事件为例，通过偶发事件引发了问题情境——"牙齿为什么会掉？""什么时候换牙？""人一生要换几次牙？"在探究与发现的过程中，幼儿之间采用了合作性学习，他们相互交换收集的材料，共同制作关于"牙齿"的书。我国幼儿园整合课程内容多以主题活动进行统整，其统整中的问题情境和人际互动洋溢着童年生活的色彩，为幼儿的合作性学习提供了空间。与一般整合课程中的合作性学习不同，幼儿的合作性学习是幼儿在解决具体问题的情境中自发产生的，"智力活动及贯穿在其中的外部的，主要是身体的作业，从外部制造出作品和产品的活动，不仅能加强身体的发展，而且还能够在极大的程度上加强精神活动诸方面的发展，以至精神在经过令人神清气爽的劳作浴之后能够以新的力量去投入它的智力活动"②。由此可见，幼儿的认知活动和对问题解决的心理能力会受到实际活动情境中的心理表征能力和生活经验的影响。它以问题意识产生的情境为背景，以行为和图像表征为主，适当借助符号表征生成其智慧——"即通过动作或行动、图像或映象，以及各种符号来认识事物。这三种表征系统的相互作用，是认知生长或智慧生长的核心"③。

（三）探究性与游戏性统一

探究性学习是指儿童在教师指导下，从学习生活和社会生活中选择并确定研究专题，用类似科学研究的方式，主动地获取知识、应用知识，解决问题的学习活动。幼儿园整合课程以展示世界完整属性为己任，探究幼儿认识世界的重要途径。正如福禄贝尔所言，幼儿园教育方法的基本原理是自我活动或自动性（self-activity），并将自我活

① 福禄贝尔. 人的教育. 孙祖福译. 北京：人民教育出版社，1991：24.
② 福禄贝尔. 人的教育. 孙祖福译. 北京：人民教育出版社，1991：179.
③ 布鲁纳. 布鲁纳教育论著选. 邵瑞珍，张渭城，等译. 北京：人民教育出版社，1989：6.

动视为一切生命的最基本特性和人类生长的基本法则。自我活动的表现之一是对自然和社会的探究，幼儿在探究过程中建构知识和形成自我，"人逐渐地形成直到实现自己的使命和天职，不仅需要通过早期起，甚至从孩童时候起，从外界接受和吸收的东西，而且，如果从程度上衡量的话，更多的是通过他所发挥出来和表现出来的东西以及发展和形成的术语本身所表明的东西"[1]。探究是满足儿童求知欲和鼓励其自信、自尊的重要手段，有利于激发和保护儿童的好奇心和实现整合课程中情感教育的深层目标。

在幼儿园整合课程中，幼儿的探究性学习就是发现学习。发现学习的倡导者布鲁纳指出，学习是由学习者通过一系列的发现行为（转换、组合、领悟等）发现并获得学习内容的过程。发现行为是幼儿学习的一种表征，其基本特征表现为注重学习过程的探究性、直觉思维、内部动机和信息的灵活提取。幼儿园教育的目标之一在于培养幼儿自主发现问题的能力，幼儿园教育的目标之一在于培养幼儿自主发现问题的能力。教师通过创设促进幼儿的自主发现性行为发生的环境，以深化幼儿自主探究学习。幼儿的发现性行为是课程内容和形式的内在统一，且整合课程是开放性、生成性课程，多以主题形式呈现，而且"教育必须设法发展智力过程，使学生能够超出他的社会、世界的文化方式，能够创新，即便是不大的创新，也使他能够创造他自己的内部文化，无论在艺术、科学、文学、历史和地理哪一方面，每个人都应该成为自己的艺术家、科学家、历史学家和航海探险家"[2]。

幼儿的探究性学习主要是通过结构性游戏和非结构化游戏来实现。幼儿园整合课程的主题源于幼儿的活动和游戏，"游戏和说话是儿童这时生活的要素……"[3]。游戏是幼儿期的基本活动，是幼儿内在本质向外的自发表现，也是幼儿整个未来生活的胚芽。幼儿游戏的主要目的不是学习，也并非完全为了实现教学目标，而是幼儿在该阶段的精神产物。它主要以过程为导向，以乐趣为目的。其动机发端于

---

① 福禄贝尔. 人的教育. 孙祖福译. 北京：人民教育出版社，1991：230.
② Bruner J S. The act of discovery. Harvard Educational Review, 1961, 31（1）：21-32.
③ 福禄贝尔. 人的教育. 孙祖福译. 北京：人民教育出版社，1991：108.

内在的自愿性、假想性。通过娱乐性的活动，使儿童有愉悦的内心体验。"游戏是创造性的自我活动和本能的自我教育。"①幼儿园整合课程的内容统整，以主题化、情感化、生活化方式展示了一个与幼儿生活的真实世界相联系的广阔图景，构建了一个开放、灵活、相对完整的系统。在幼儿园整合课程实施中，幼儿可以在非结构性游戏活动中对感兴趣的问题进行探究，并将之生成主题，采用游戏化学习方式，使幼儿"在这些游戏中得到充足滋养的绝不仅仅是身体的，或者是肉体的力量，而且也在不断增长地、肯定地、可靠地显示出精神和道德的力量"②。这种探究性与游戏性相统一的幼儿学习方式，不仅反映了幼儿园教育着眼于幼儿的童年快乐和获取有益于终生发展的经验的价值取向，而且反映了幼儿的不断创造和发展的自我教育观。

总之，幼儿园课程是一种文化产物，传递着文化，同时又被文化修正，"正像我们生活在文化之中一样，我们在描述课程之前我们生活在课程之中"③。幼儿对课程的学习是依照自己的"履历情境"和生活经验来理解课程所提供的文本。在整合价值观统摄下，幼儿园整合课程的课程内容融合了两门或两门以上的学科，以主题化、项目化、情感化和生活化的方式展示了一个幼儿园生活与真实世界的联系，构成了一个开放、灵活而相对完整的系统。对于内容结构编排而言，主题化和项目化从源自生活世界的话题层层铺开、环环相扣，结成一组有相关意义的统整的网状或链状结构。儿童从这个结构中接触人、事、物并感受生活，由此迁移到其他领域。情感化、生活化是就内容的价值取向而言，人是万物之灵，灵肉交融，才会有理性与感性高度统一的人，才是知情意行全域发展的人。"教育不能再造分数的奴隶，人不能再异化为分数的行尸走肉，让分数遮蔽了我们本应就远眺的双眸，减退了生生不息的生命感受"④，教育与儿童的生活领域紧密相连，以一种超越的姿态对生活的激浊扬清。生活世界是幼儿生

---

① 福禄贝尔. 人的教育. 孙祖福译. 北京：人民教育出版社，1991：72.

② Froebel F. Friedrich Froebel Pedaglogics of the Kindergarten // Jarvis J. New York：Appleton and Company，1895.

③ Grumet M R. Autobiography and Reconceptualization. In Giroux H A，Penna A N，Pinar W F（Eds.）. Curriculum & Instruction，1981：140.

④ 张家军. 论教育的异化与扬弃. 教育理论与实践，2008（28）：5-9.

命存在的背景，因此，幼儿园整合课程所选择的内容是为儿童生活阅历所熟悉的、具有教育意义的生活话题，是儿童从现实世界到想象世界、从书本世界到生活世界的桥梁，注重人生成的动态过程，为幼儿进行知识的建构、能力的培养和人生价值实现之基础提供了一种可行途径。

幼儿园整合课程的内在属性蕴含着教育作为一种对幼儿生存状态和生活方式以及人文关怀的领域，既要实现幼儿现实生活和可能生活的需要的整合，又要实现人类群体的生活经验及其发展的需要，与幼儿面对的生活世界及人生价值的整合。而幼儿对生活的体验和感悟是课程组织必须考虑的核心问题，这就要求自主、合作、探究三种学习方式在幼儿的教育活动中得到有效运用。同时，幼儿园整合课程内容统整要求幼儿偶发性与自主性、探究性与游戏性、合作性与情境性学习方式进行有机统一，将理解、体验、探究和创造作为幼儿生活的基本方式。

第五章 幼儿园整合课程内容统整与幼儿学习方式的交互作用

第一节 幼儿园整合课程内容统整与幼儿学习方式的交互原理

一、交互的内涵

（一）交互的含义

交互（interactive）原本属于计算机术语，是指系统接收来自终端的输入并进行处理，把结果返回到终端的过程，即人机对话。①在《麦加利辞典》（Macquairie Dictionary）中，"交互"的定义是"相互作用"（actiononeachother）——事物之间的一种相互行为，在这一行为发生的过程中，人或事物相互影响对方。由此可知，这一概念是指一定情境中的环境、个人、行为方式等要素之间发生的相互作用。

从传播学角度看，交互是发出者与接受者双方的信息交流。发出者基于经验对信息进行编码，并传递给接受者；接受者根据自身经验诠释信息的同时，也以同样方式向发出者反馈信息编码。两类个体在编码、解释、传递、接收信息时，通过不断反馈与分享信息而持续循环，形成良好的交互。将交互概念运用于远程教育中，是指教学和师生互动以及个体与客体之间的作用等。众多研究发现，影响并决定远程教育课程质量的主要因素是学习者对交互性的了解程度。因此，研

---

① 蔡宪. 论教学交互. 江南学院学报（自然科学版），2001（1）: 95-98.

究者在设计远程教育课程时必须考虑其交互性和提供高质量的交互，这是课程实施获得良好教学效果之关键。

Gilbert 和 Moore 认为，运用计算机媒体进行教育交互，主要指学习者和技术之间的相互交换，这个过程可以看成是一个反馈，"交互作用"和"相互作用"两个概念可以互换。然而，Wagner 教授认为，"交互作用"是个体和群体相互影响下的一种相互影响和交换，"相互作用"是指两个物体和两种活动之间的相互活动（事件）。[1]综上所述，交互作用聚焦于人的行为，而相互作用更加关注技术系统的特性。交互作用注重双向交流，将之运用到幼儿园整合课程实施过程中，则表现为幼儿与教师、幼儿与学习资源以及幼儿之间的双向交流。

在幼儿园整合课程内容统整过程中，良好技术支持下的高质量相互作用对于提高"人—人"、"人—群体"和"人—系统"之间的交互作用具有促进作用；同时，高质量的交互作用也需要与之适宜的技术系统提供支持。因此，教师和幼儿都应为创设良好的交互学习环境发挥作用：教师必须有效地利用新媒体技术，科学地进行课程设计和选择教学策略，确保最大限度的交互发生；幼儿应通过积极探究来发现问题与解决问题，并通过及时反馈来增强幼儿园整合教育活动过程中的交互作用。[2]

（二）幼儿园整合课程内容统整与幼儿学习方式交互的内涵

幼儿园整合课程内容统整是幼儿园整合课程组织的重要方面。幼儿园整合课程组织是幼儿园教育过程中诸要素间相互作用的目的性行为过程，是主体性协同发展的过程。其内容统整的目的是促进幼儿整体和谐发展。

幼儿园整合课程内容统整与幼儿学习方式的交互是指师幼通过一定的教育情境，运用课程设计技术和信息技术方法，有目的、有组织地运用双向或多向教学信息进行传递与反馈方式，实现相互交流、相互作用、相互促进的一种独特的、创造性的系统化过程。本书根据贝

① 转引自钱万正，李艺. 远程教育课程的交互性评价. 开放教育研究，2002（4）：39-40.
② 钱万正，李艺. 远程教育课程的交互性评价. 开放教育研究，2002（4）：39-40. .

茨（Bates）关于交互的分类方法①，将交互分为个别化交互和社会性交互。其中，个别化交互是指学习者与学习资源之间的交互；社会性交互是指人与人之间的交互，包括学习者与教师、学习者与学习者间的交互。因此，幼儿园整合课程内容统整与幼儿学习方式的交互作用包含两方面的含义。一方面是幼儿、教师与外界事物的交互作用，即人—物互动，主要指幼儿与学习资源间的相互适应、教师与课程资源间的相互适应，追求知识的建构，形成人与自然和谐；另一方面是教师与幼儿、幼儿与幼儿之间的互动，即人—人互动，是指教学过程中师幼之间、幼幼之间的相互作用、相互影响的交往活动；交互作用中强调幼儿的主体性形成、发展方式及其与外界的相互关系。②而师幼之间的交往互动是教与学活动的耦合点，通过优化幼儿活动中的互动方式（即调节师幼、幼幼之间的关系及相互作用），强化幼儿主体与学习环境的交互影响，促进幼儿主体结构的建构。同时，人—人互动包含认知信息交流与情感交流，通过对话来建构幼儿的社会性意义，以形成和谐的师幼互动与幼幼互动。

幼儿园整合课程是社会需要、学科发展需要及幼儿身心发展需要，这三者是对幼儿园教育价值协商的产物。幼儿园整合课程内容统整是由幼儿、教育者和教育情境交互作用而构成的完整的动态系统。对幼儿个性而言，整合课程透过课程内容统整，表达了教师对幼儿的人文关怀；而幼儿学习方式是从精神层面来解读幼儿生命存在的价值取向。因此，从现象上看，在幼儿园整合课程内容统整和学习方式的交互作用中，课程内容统整作为一个开放性系统，为幼儿学习方式的施展提供了环境空间；幼儿学习方式是内容所负载的价值追求的现实转化手段，并影响课程的全貌。其交互的实质是幼儿园课程价值理念与学习方式理念所共同关照的"人"与"物"融入其中，并呈现出主观世界与客观世界发生相互作用、相互依存，由主客二分达成主客统一的境界。

综上所述，幼儿园整合课程内容统整和学习方式的交互作用是指以幼儿个性发展为核心，以幼儿主动建构为前提，以各种环境因素为

---

① 梁怡. 移动学习及其交互问题研究. 软件导刊, 2007（7）: 116-117.
② 石筠弢. 学前教育课程论. 北京: 北京师范大学出版社, 1999: 77-79.

中介（教师、教材、活动、同伴、信息技术等），是课程内容统整这一动态开放系统与幼儿学习方式之间的相互影响和相互作用过程。

二、交互的理论基础

（一）实用主义的相互作用论

杜威关于"相互作用的论述"是实用主义的代表性观点。杜威强调："一切事物的存在都是在人与环境相互作用中产生的，人不可脱离环境……教育也就是让儿童在主观与客观交互作用中获得经验。"[①]这些观点中蕴涵了课程内容统整与幼儿学习方式之间交互的思想，这种思想尤其体现在他对"经验"内涵的阐述中。

"经验"是杜威教育理论中的核心概念，它既有人们熟悉的静态属性，又包含一系列动态特征。而且，其动态特征更能彰显杜威理论的精髓，他对传统"经验"概念的改造与超越的意义也正体现于此。其整个思想体系以"经验"为核心，以经验与历程作为哲学思想的两个基本概念。他认为，从生物演变来看，个体处于一个发展历程中，生物个体之发展就是其自身目的，历程是发展的各阶段之延续性结合。生物除自身发展以外，没有别的外在目的。他不赞成传统的知识旁观论（Spectator Theory of Knowledge）——认知者获取知识在于知识本身完全是客观性的外界存在物，知识可以脱离认知者。这种说法完全忽视了认知者与知识之关系建立，忽视知识与认知者之间的相互作用。

杜威关于交互作用的论述，为我们指出了交互作用的载体——经验与历程的体认。经验不只是环境作用于人的被动"遭受"（undergo），还有人作用于环境的主动"做"（do）。经验处于主动与被动的两者关系之中，包含两层含义：一是人主动地作用于环境；二是人作用于环境产生的结果反过来又影响人本身，联系二者的是人的"反省思维"。换言之，经验是一种寻求生命答案、倾听生命律动的行

---

① 转引自刘传德. 外国教育家评传精选（修订本）. 北京：北京师范大学出版社，2000：172.

为，是人在与环境的相互作用中不断叩问人生，追求身心释然的过程。杜威关于"经验"的含义，不完全是从哲学观来界定，而是将生物学的含义渗入在经验中。经验具有扩张性、生长性、相关性与预测性等特点。他从生物与环境的交互行动中，认为经验是多元的，即产生经验的情境、内容和关系都来自生活，是个人经验生活的一个单元。而且，杜威从工具哲学（instrumentalism）的知识论出发，认为经验是工具性的，经验的价值在于能够替人类解决生活中的实际问题。

基于"教育即经验改造"的本质观出发，教育的目的是增进人类的生活经验，提供人类更进一步、更有效地与自然直接交往的介质。因此，幼儿园整合课程与教学不能把幼儿与外部世界割裂开来，而应统整于幼儿活生生的现实经验中，即体现课程内容与学习方式的内在连续性，课程目标与手段的内在连续性。内容与方式、目标与手段总是相生相息、相辅相成的；课程内容统整内在地蕴涵着实现课程目标的学习方式，亦不存在与课程目标相剥离的手段；学习方式总是具有一定的学习内容的方法整合，手段总是为实现一定课程目标而采取的有效途径。课程内容统整与学习方式的相互作用，在某种意义上就是内容与方式、目标与手段的关系，故研究两者的交互作用就是研究两者的统一、统一的机制和效果问题。

教育是个体经验成长及重组历程，影响这一历程的有两个基本因素——儿童个体的心理因素和围绕儿童个体周围的社会因素。对于个体心理因素而言，儿童是经验生长与重组的主体，其心理因素包括指个人的能力、兴趣、习惯，是了解与解释个体经验及其生长意义不可或缺的。而儿童的兴趣、能力和习惯正在形成与发展之中，随着经验的活动而变动，尤其是因儿童个体天赋所具有的对外界事物的探究兴趣，是幼儿园教育的心理基础。例如，儿童社交的兴趣（也就是观念的沟通）、探究的兴趣（也就是发现事物的兴趣）、制造事物以及艺术化表达兴趣，都是教育上所能加以应用的个人基本心理能力的资源，为儿童个人经验的重组与成长所依赖。因此，幼儿园教育是基于儿童既有能力、追随并引导儿童内部经验与外部环境相适应的发展历程。这就要求课程内容统整必须围绕幼儿的需要和经验，通过内容统整与学习方式的交互，以促进儿童获得自我发展。

从社会因素的角度来看，个体经验的生长浸润在社会环境之中。构成社会的个体并不是各自孤立的实体存在，而是相互关联的。因此，杜威认为学校不是专门学习知识或技能的场所，学校自身就是社会生活的一个缩影。

从实用主义教育观来看，教育是由内而外发展的，两者交互作用的机制是教育的内在目的。因此，幼儿园教育应尊重幼儿的兴趣、能力、需求，尽量为幼儿创设能探究、有表现机会的学习活动，而不是把教育看成是个体为未来生活做准备的过程。在幼儿园课程内容统整与学习方式的交互过程中，幼儿有其自创的探究性活动。学习兴趣与学习方法的获得比学习内容更为重要，因此，教师应培养幼儿对现实社会环境进行改造的态度。

综上，实用主义教育反对把主体与对象、经验与自然进行人为地割裂开来的"二元论"，主张任何知识都包含有行动的因素，没有行动就没有知识；反之，知识也因为能指引行动而具有价值。杜威站在经验论和唯理论之外，把经验看作是主体与客体之间连续不断地相互作用的产物。他认为经验是统一整体，主张将课程与幼儿的经验结合起来，让幼儿通过活动"做中学"，使教育机构成为儿童生长的地方，而不是学习现成教材的地方。

（二）建构主义教育理论的交互理论

建构主义理论强调儿童与经验、儿童与文化、儿童与环境的主动建构，蕴涵着课程内容与幼儿学习活动交互的思想。建构主义流派分为认知建构主义和社会建构主义。

认知建构主义学习理论主要源于皮亚杰的研究，认为儿童的学习过程是认知的重组过程，是总结个人经验而不断重构个人对知识的理解和问题解决过程。可见，认知建构主义学习理论虽然集中于关注个人发展，但是并不否认社会性交互作用的价值，认为学习者在与其环境（无论是物理环境还是社会环境）的交互过程中，应实实在在地接触与其建构的世界知识不一致的现象，并将其置于社会场景中，通过话语或看法的交换来进行。

　　然而，初级学习阶段的幼儿与外部环境间产生的交互主要基于游戏实现。由于幼儿对外部世界充满好奇，他们渴望接触世界，通过自己的经验来认知和组织外部环境所发出的刺激，通过自己的行为和学习方式与外部环境发生联系，并根据自己的体验和理解做出相应的符号反馈来表达自己对外部环境刺激的认知。而幼儿与外部环境间的刺激与反应，实质上是幼儿与外部环境之间的交互——幼儿的认知与学习过程，这种交互是幼儿认识世界，探索世界的有效途径。

　　因此，幼儿园整合课程在进行课程设计时，应把握幼儿的兴趣和特点，对幼儿生活的外部环境刺激进行有目的、有计划的整合，将学习内容与幼儿的经验联系起来，以此实现幼儿园课程内容统整，并在整合课程实施过程中，以幼儿可接受、可理解的学习方式进行引导，使幼儿有机会自主学习，鼓励幼儿从个人经验和集体经验中建构个人化的意义，从而实现整合课程内容统整与幼儿学习方式的有效交互，以帮助幼儿了解世界，在真实情景中评价学习结果，允许幼儿从个人经验角度去解释多元的意义。

　　社会建构主义学习理论以维果茨基为代表，将个人行为定位于社会中，涉及与比较有知识的重要他人在最近发展区内的社会交互和以文化方式发展的文化系统（即将语言作为建构主义的心理工具）的交互这两大领域。该理论认为，个体的学习首先是进入某一实践共同体的文化的过程，是通过与社会交互的参与以及依据文化方式组织的影响来学习和发展。所以，教师在鼓励幼儿与社会接触时，必须遵循维果茨基的"最近发展区"理论，帮助幼儿在可能的发展空间内获得最大限度发展，而幼儿从现有水平向最近发展区发展的过程是幼儿与社会不断接触和交互的过程。由于社会生活的多样性和丰富性与幼儿本身的社会经验匮乏形成较大差距，在这一交互过程中，他们与社会的接触只是简单而表面的，只能依据自己的经验来评判和认知社会。因此，教师在选择与幼儿园整合课程相关的社会生活经验时，必须有效地对社会生活中涉及幼儿学习的内容加以统整，支持幼儿理解和确立幼儿园整合课程内容统整过程中的本质问题（essential questions），并将课程内容统整的焦点集中于关注幼儿需要学习相关内容的价值以及学习内容对幼儿而言如何使之情境化，以便正确地引导幼儿学习并获得基本的社会经验。

综上可知，建构主义理论认为，认知发展过程取向是由情境驱动的，幼儿所发生的学习行为建立在原有经验和体验的基础之上，是一种新旧知识之间的交互。幼儿的学习过程正是在情境中通过同化或顺应过程重建新知识与原有知识结构之间的联系，每个幼儿在不同情境中基于新旧知识交互发现与个人相关理解的不同意义，并通过协商过程解决问题，以促进幼儿个性化发展。在教学中，幼儿的学习是交互式的，是建立在已有知识经验基础之上的。教师的角色是互动者与支持者，重视幼儿提出的问题和产生的疑惑，通过协商来引导幼儿唤起头脑中的已有经验或体验，与外部环境产生交互，根据每个幼儿独特的经验来赋予这些经验以社会意义，通过与社会的接触去建构自己的知识，丰富自己的认知。

（三）人类发展生态学关于"交互"的理论

布朗芬布伦纳等从人类发展生态学角度出发，认为个体的行为和发展会受到生态系统中各种生态因子的交互影响。该理论认为，影响个体发展的因素是一个整体，是由大小不同的内外系统相互作用构成的社会生态环境，其核心是发展的人。

布朗芬布伦纳把人类发展生态系统分为三个系统，即大系统、小系统以及处于二者之间的中间系统。大系统是指社会各阶层存在的内容与形式、信念与意识的联系。小系统则涉及特定情境中的角色和人际关系，是幼儿生活的直接环境，通过活动、角色和人际结构影响幼儿的发展。中间系统则处于两者之间，是指由发展的人积极参与两个或多个情境之间的相互关系。幼儿作为生态系统的基本因素之一，具有主动探索周围环境的欲望，其发展是自身与环境相互作用的结果，幼儿不断根据自身需要主动调整自身与环境的关系。在幼儿园教育的微观生态环境中，幼儿的知识和经验获得主要是基于幼儿的学习生态环境并通过幼儿与教师的互动活动来实现的。因此，在幼儿园整合课程内容统整过程中，教师要从幼儿的整体发展观出发，重视幼儿周边的社会生态环境变迁为幼儿提供的潜在发展机会及其影响，注意幼儿与外界生态环境的交互形式，观察幼儿在与环境不断接触过程中所发生的一系列变化，关注幼儿在学习过程如何通过自己主动进行心理调适，尤其是学习方式的调整来促进课程内容统整与经验统整的有机融合。

（四）社会学习理论的交互决定理论

班杜拉是社会学习理论的创始人，其社会学习理论的基本观点包括社会认知理论和交互决定理论。交互决定理论认为，个体、环境和行为是相互影响、彼此联系的，这三方面影响力的大小取决于个体当时的环境和行为的性质。三者的关系可以用图 5-1 表示。

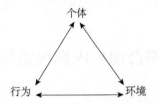

图 5-1　个体、环境与行为三者关系

资料来源：孙云晓，张梅玲. 少年儿童发展蓝皮书. 北京：北京出版社，2006：101-103.

依据班杜拉的社会学习理论，个体、环境和行为的关系在形式上表现为三元交互决定理论，探讨的是环境、行为以及表现为人的思维、认知和自我评价等主体因素之间的交互决定关系。它认为，人的内在因素、外部环境与人的个体行为之间既相互独立，又相互作用、相互决定。人的行为在一定程度上受外在环境的影响，反之，人也可以通过对外在环境进行一定创造和改变来制约和影响人的行为。同样，人的内部因素（主要是认知因素）也积极参与行为和环境改造。这里的认知因素主要表现为个体对自己行为结果及其与个体期待的结果之间的评价，个体行为结果对外在环境影响的预测以及这三者之间在相互作用过程中，个体评价是如何形成认知反应。同时，人可以通过自身的性格、气质等个体特征激活不同的社会环境反应，而不同的社会反应结果也影响个体的自我评价，从而影响个体的气质和性格，即人的内部因素的变化。

根据班杜拉的交互决定理论，幼儿的发展是幼儿与幼儿生活的环境以及幼儿行为之间的交互。结合皮亚杰的智力发展阶段理论可知，幼儿正处于直观形象思维阶段，他们的行为在很大程度上是对外界环境的直觉行动和具体形象反应，这种反应是一种不完善的认知反应，符合幼儿的自身经验。环境是影响幼儿天性发展的外界因素，对其具有极大的诱惑力和感染力，幼儿的好奇心和兴趣本能驱使他们以游戏作为主要活动方式去认知环境，并根据其特有的模仿本能和创造意识去认知和改变环境，并做出相应的行为，这对幼儿人格的和谐发展具有潜移默化的影响。因此，教师在进行幼儿园整合课程内容统整过程中，应有效地整合与幼儿发展息息相关的外部环境因素，根据幼儿身心发展特点进行有效编排和组织课程，促进环境与幼儿以及幼儿行为之间实现有效交互。

三、幼儿园整合课程内容统整与幼儿学习方式交互作用的模型

交互是人们传递符号、信息、分享感情的过程，是通过语言和非语言信息进行相互交流、相互影响的过程。"相互作用是在个人和各种事物及其他的人之间进行着的。情境和交互作用这两个概念是彼此分不开的。一种经验常常是个人和当时组成其他的环境的一切发生作用的结果，环境包括他与之谈论某个题目或文件的人们，所谈的题目也是情境的一部分，或者是他所玩的玩具，他所阅读的书籍；或者是他所做实验的材料。环境，换句话说，就是和个人之需要、愿望、意图、能力等发生交互作用，以创造所要的经验的种种情况。"[①]

因此，对于幼儿园整合课程内容统整与幼儿学习方式的交互作用而言，交互作用是幼儿与情境、情境中的材料之间的作用，即支持与引导幼儿对现实的经验与经验性整合课程内容进行的相互作用。当这种现实经验与经验性的整合课程内容进行交互作用时，幼儿学习方式作为现实经验的一部分，既不是一个纯粹由幼儿个人控制的过程，也不是一个纯粹由幼儿群体控制的过程，而是一个由多维度共同调控与价值协商的过程。本书借鉴刘凡丰在《网络教育的四种交互及交互作

---

① 杜威. 杜威教育论著选. 赵祥麟，王承绪编译. 上海：华东师范大学出版社，1981：361.

用》中提出的关于网络教育交互的四种方式，尝试建构幼儿园整合课程内容统整与幼儿学习方式的交互作用模型（图5-2）。交互过程涉及幼儿的个别化、社会化交互以及交互中的交互三个层次，包括了幼儿与内容、教师与内容；幼儿与同伴、幼儿与教师等多维度调控因素；而幼儿园整合课程资源的性质、幼儿需要的性质和学习方式直接决定活动的性质和特点。

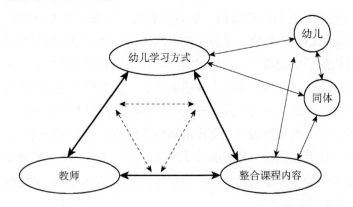

图5-2 幼儿园整合课程内容统整与幼儿学习方式的交互作用模型

资料来源：刘凡丰. 网络教育的四种交互及交互作用. 开放教育研究，2002（6）：28-30.

（一）个别化交互

1. 幼儿与内容的交互

远程教育家穆尔认为，学习者与内容的交互是任何教育情境中最基本的交互。学习者把自己"投入"学习材料中，这一过程改变了其认知和态度，这是所有教育过程的基础。在远程教育的函授时代，这种交互是单向的，只有内容到学习者这个方向，课本无法对学习者的反应做出回应，学习者也无法更改课程内容。远程教育家霍姆伯格在20世纪60年代提出教学会谈理论，强调学习者与预设的学习材料之间内化式会谈的价值。穆尔的观点仅限于远程教育的函授课程内容，是针对现代计算机理论中将人机交互理论运用到网络教育课程中而言。而我们把这种交互理论运用到新媒体时代的幼儿学习理论中，就促进一种新的课程内容与学习理念的创生。

人与环境是对等而协调的构成"交互主体"。瑞吉欧创始人马拉古奇指出："我们重视环境，因为环境有能力去组织、提升不同年龄的人之间的愉悦关系，创造美好的环境，提供变化，让选择和活动能更加完善。而且环境的潜能可以激发社会、情感和认知方面的种种学习。"①瑞吉欧人把幼儿园的环境称作"我们的第三位教师"，教师总是竭力在幼儿园每一个角落为幼儿提供交往的机会，以便于幼儿认知体系和知识系统的不断建构。瑞吉欧教师不断提醒所有的幼教工作者：环境是孩子的环境，千万不要把教师自己做好的东西当作是孩子的，应让孩子主动地去与物质材料产生互动。瑞吉欧的教学方式正是幼儿与环境建立一种"交互主体适应关系"的课程系统观的体现，这也是社会学习理论的交互作用理论在凸显环境价值方面的贡献。在新时代背景下，人类将追求人文价值和精神价值作为教育的使命，这促使成人重新审视儿童与环境的关系问题。而幼儿与环境中的内容互动为研究者建构一种全新的幼儿园课程体系打开了通向 21 世纪的理想幼教之路的大门。

杜威提出"教育即生活"，这是对幼儿学习情境的生动概括。幼儿的学习内容几乎全部来自生活，而且丰富多彩、鲜活生动，充满诗意。这种诗意化的情境性教学内容为幼儿与内容交互的完美融合奠定了基础。幼儿是生活的思考者，其学习形式主要是自发自主型学习。教师通过情境性教学创造着一种有着多种可能的环境，让幼儿提出问题、与学习内容达成平等的对话，融"自主性"和"交互性"于问题学习中，通过经验的吸纳、内化和创新使整合课程内容统整处于动态生成过程中，建构"教师与幼儿、幼儿与幼儿、教师与内容、幼儿与内容、教师与世界、幼儿与世界"之间的多极对话平台，从中获得学习情感的激励与支持，分享学习的体会与经验，以期达到智慧的互启互发和知识共享。每个幼儿的独特性主要表现为幼儿在相同环境里体验到的不同感受，故教师应关注幼儿与环境及其物质材料的交互关系，善于引导和启发幼儿，支持幼儿在这种"可共享的丰富性"对话过程中，对问题进行自主发现、选择、理解与解决和欣赏由此获得的

① 转引自吴芸飞. 创设良好环境激发幼儿的学习兴趣. （2008-04-29）http://www.eact.com.cn/show_stud_room.php?news_id=5178.

丰富经验、愉悦感，在此基础上促进幼儿的内部激励系统发展。

2. 教师与内容的交互

网络教育的交互理论与社会学习理论的交互理论的侧重点不同，远程教育交互理论更重视教学内容与师生之间的互动。一般认为，为了更好地组织网络教学，通常把远程教学内容分为一定时期内不更新的内容和及时更新的内容。相对固定的、不需更新的内容应事先由教师和网页设计师进行预设并制作好，而及时更新类型的内容则由教师本人在教学过程中生成。当然，哪些内容是固定的，哪些内容要及时更换，都要有所规划。从知识类型来看，库克与布朗将"我们所知道的"知识分为两部分："我们拥有的"部分称为"知识"（knowledge），而隐含在行动中、作为行动的部分称之为"识知"（knowing）。我们对知识的认识应当从"拥有的知识"拓展到"真实行动"，"行动"的知识不仅包含了主体所"拥有"的知识，还包含了主体在"做"的事情。①因此，幼儿园教育过程中，在教师与内容的交互中不仅要知道"我们拥有的"的"知识"，还要善于发现隐含在课程内容以及活动环境中的"识知"。

将网络教育中的交互理论运用于幼儿园整合课程实施时，教师在教学过程中应根据幼儿对问题的思考和情境的洞察及时更新内容，即与内容交互，更多启发或激励幼儿趋于建构多种视角和多元解释的学习内容。正如叶澜所言，一个真实的教育过程是一个师生及多种因素间动态的相互作用的推进过程。因为"实际的教育过程远远要比预定的、计划中的过程生动、活泼、丰富得多"。实际上"从教到学再到学生发展的过程本身就是一个动态转化和生成的过程"，"只要教师认识到学生成长的多方面生命需要及主动参与教育活动和发展的可能，就会重视、研究这一生成过程，使教育活动过程焕发出生命的活力"。②据此，教师与课程内容的交互过程，实质上是基于幼儿生命的多样性与生成性趋势，教师与幼儿围绕课程内容的统整及主题的选择、实施而进行的平等交流与互动。

---

① Cook S D N, Brown J S. Bridging epistemologies: The generative dance between organizational knowledge and organizational knowing. Organizational Science, 1999, 10（4）: 381-400.

② 叶澜. "新基础教育"探索性研究报告集. 上海：上海三联书店，1999: 46-50.

将幼儿园整合课程置于丰富多彩的幼儿园教育环境中，幼儿的学习支持不仅来自师幼之间、幼幼之间的"直接"支持，还来自各种课程资源和操作材料的支持，使教育能更好地适应每个幼儿的不同学习风格和个性差异。基于幼儿园整合课程内容统整与学习方式的交互是建立在交往与互动的基础上，这就意味着教师应根据幼儿需要及时地、动态地创生各种课程资源和教育活动，改善幼儿与内容的交互质量，促进师幼相互交流，使教学材料更适合幼儿需要，内化成为幼儿自己的真知灼见，进而转向更有效的知识创造历程。

（二）社会化交互

社会化交互包括幼儿与同伴、幼儿与教师的交互，交互的理论基础是"交互主体论"，其创始人为胡塞尔。他认为，人们在日常生活中进行着生动的、充满"人格主义态度"的交往，这种交往属于主体间的交往，"交互主体性"（主体间性）是主体交往所特有的性质，不仅反映出交往多方的主体性，即交往共同体中的个体都是作为平等主体而存在，还反映出主体间的交互性，即主体间相互渗透和影响，具有互动性。"交互主体性"在幼儿园整合课程内容统整与学习方式的交互中，既反映出作为交互主体的幼儿与同伴、教师与幼儿的互识和共识，又折射出二者在教育过程中主体间的互识与共识是相互联系和密不可分的。

1. 幼儿与同伴的交互

幼儿与幼儿之间共性的存在，为其交往提供了平等、轻松的心理氛围，使其彼此认同为"交互主体"。同时，幼儿的个体差异使其交互作用表现为两种主要方式——合作与竞争。在幼儿园整合课程实施中，我们倡导幼儿之间构成"交互主体合作关系"。对这种关系的认识有助于我们重新思考幼儿园课程的核心价值追求。

合作和竞争是两种不同课程价值观指引下的产物，合作是以发展人性为核心价值的课程要求，竞争是以追求知识和技能为核心价值的课程的必然产物。在和谐的儿童生活世界里，幼儿以合作方式相互交往，尊重并发展彼此的平等人格。当教育远离了充满人性的生活世界，蜕变为以学科课程为中心，占有更多的知识技能成为教育转嫁给幼儿发展的价值追求时，幼儿之间的关系以竞争代替了合作，原本水乳交融的有机关系变得支离破碎，他们之间的合作、理解、关爱与同情也日渐衰微。近年来，不少国家的课程改革打破了传统的"知识—技能—情感态度"的层阶式教育目标，将培养良好的情感态度视为基础教育课程的首要目标。我国学前教育研究者也达成了共识，幼儿园教育目标应立足于培养幼儿的"完整人格"，强调人性的协调发展。在培养全人的时代精神呼唤下，课程目标的重心以追求知识技能为主转向以发展人格态度为主，促进幼儿个性得以解放。维果茨基认为，人的思维与智力发展源于活动，是各种活动、社会性相互作用不断内化的结果，即人的高级心理活动源于社会的交互作用。[①]因此，在幼儿与同伴的交互中，认知性交互和社会性交互融为一体。

2. 幼儿与教师的交互

教师和幼儿是课程的有机构成部分并且是相互作用的主体。传统教学模式将课程作为知识传递的手段，教师作为知识的传授者掌控了课程的主导权，幼儿作为知识接受者接受教师的指导；将关注的重心放在知识掌握之上，课程本身游离于教师和幼儿这两个主体之外。

社会化交互的特征是交互主体性，交互主体性注重平等主体间的相互作用，形成一种民主的师幼关系，这就要求幼儿园整合课程在其实施过程中，建立一种新的对等型师幼关系。在这种新的关系中，幼儿与教师不是服从与权威的关系，而是在交往共同体中以绝对平等和相对独立的两类主体相互作用，这种相互作用是以"对话"为表现形式，以提升幼儿个体经验、促进幼儿个性发展为目的。因此，在两者交互中，教师不再作为知识的权威将预先组织的知识体系传递给幼儿，幼儿不再被动地听从教师的指令；幼儿与教师构成了课程系统中"交互主体对话关系"，教师与幼儿是基于相互理解和平等的学习共同体，围绕共同的主题，带着各自的兴趣、需要和观点，直接与客观世界进行对话。幼儿园整合课程目标不是完全预定的，课程内容不再作为绝对客观的稳定不变的知识体系，教师采用有效的方式为幼儿提供

---

① 陈琦. 当代教育心理学. 北京：北京师范大学出版社，1997：89-93.

多方面的感性材料，课程内容统整成为师幼共同探索新知、共享与认识现实的课程发展活动，内容与过程在此得到了统一。

而且，幼儿园整合课程本身就是实践性课程，有研究者将实践性课程理解为"相互作用的有机的'生态系统'，在这个'生态系统'中，充满了意义，理解和'交互主体性'，课程不是指向于知识技能的掌握和对环境的控制，而是指向于兴趣需要的满足和对能力德性的提高"①。这种观念将课程置于教师与幼儿双主体之间，幼儿与教师在课程之中进行平等对话，搭建了教师、幼儿、课程三者交互的平台。教师在课程实施过程中审视教学进度，幼儿在课程之中灵活地接受知识并获得各种体验，提升了幼儿关于课程内容对教师的积极反馈，这有利于激发教师教学的有效性，促进教师与幼儿共同发展。

因此，教师与幼儿之间的关系不再是"导"与"被导"的关系，而应是在教师尊重幼儿主体前提下，在幼儿园整合课程系统中构成了"交互主体对话"的关系。

（三）交互中交互

在传统课堂教学情境中也存在这几种类型的交互。但课堂教学中除师生交互外，其他交互的发生需要伴随特定的时空，而学生与内容（教材等）之间的交互大多发生在课堂外。通常，这些交互各自之间是孤立的，各种交互之间并没有"相互作用"。在远程网络教育的交互理论中，"交互"包含了"人—人""人—机""人—机—人"三种交互结构。其中，第一种是指传统教学中的师幼交互；第二种是指媒体教育中的交互；第三种是指远程教育中的交互形式，将这种模式应用到整合课程内容统整与幼儿学习方式交互中，我们将它称为交互中的交互，如通过电子白板、触摸式一体机等教育技术设备，搭建了师幼与内容的多极对话平台，促进了各种独立的交互情境中的交互作用。

在新媒体背景下的幼儿园整合课程实施过程中，部分幼儿园已充分利用触摸式一体机与平板电脑，教师与幼儿、幼儿与幼儿之间的交

---

① 张华. "实践的课程范式"及其应用研究. 全球教育展望，1998（5）：26-31.

互促进了教师与内容、幼儿与内容的交互，而教师与内容、幼儿与内容的交互又促进教师与幼儿、幼儿与幼儿的交互，最终促成师幼交互质量得到进一步完善。在其多极交互中，幼儿与教师借助新媒体技术，积极投入课程主题的创生与理解，幼儿在具体的教学情境中可以借助平板电脑与教师使用的触摸式一体机进行远程交互，师幼、幼幼、教师——一体机—幼儿不断进行着虚拟信息与现实场景问题及其价值、能量交换。因此，随着幼儿与内容进行信息、价值的交互次数增多，会促成教师与内容交互的次数增加，有效地促进了师幼对课程内容的及时调整和创新，满足了师幼之间的情感交互，使之更加适合幼儿发展与学习的需要。

第二节　幼儿园整合课程内容统整与幼儿学习方式的交互价值实现

一、交互作用的价值

幼儿园整合课程内容统整与幼儿学习方式交互的过程是幼儿园整合课程价值从潜在价值转化为现实价值的过程。幼儿园整合课程价值的实现，既是整合课程内容统整活动的结果和新的课程实践起点，也是幼儿发展价值的客体主体化过程与教师价值创造的主体客体化过程之统一。因此，幼儿园整合课程价值实现与价值创造统一于交互过程中。

综上所述，幼儿园整合课程价值的实现是幼儿园整合课程内容统整与幼儿学习方式交互的最终目的。幼儿园整合课程的价值实现是指在幼儿园整合课程的学习和教学活动中，使幼儿园整合课程现实地满足幼儿园整合课程价值主体的需要，在不同程度上使幼儿园整合课程价值的主体尤其是幼儿发展的需要获得满足，促使其身心结构发生变化的过程。

（一）幼儿与教师共同发展

幼儿园整合课程价值的实现，不仅依靠幼儿自身所拥有的能力、策略，还必须依靠同为课程实践者的教师的专业能力和技术水平。从一定程度上说，教师的能力、技术是幼儿园课程活动得以展开、幼儿园课程价值得以实现的关键。从这个意义上讲，这里的技术因素是指教师对幼儿园课程的决策、设计及教学法加工技术（涵盖信息技术），尤其是教学法加工技术是使幼儿园课程从知识形态真正成为幼儿现实的活动经验形态的关键，而教师对课程活动的组织原则、教学方法、形式、手段及其关系的把握和运用直接影响到交互质量，进而影响课程价值的实现。因此，交互过程本身是师幼主体性价值提升的有效手段。

1. 凸显教师与幼儿的主体性价值

幼儿园整合课程内容统整与幼儿学习方式的交互展示了幼儿与教育情境中诸要素之间动态的、发展的联系，这种联系体现出人的自主性、合作性和创造性，从而建立起一种民主、平等、合作的新型师幼关系。这种新型的师幼关系凸显了教师和幼儿的主体性价值，即教师主体性在幼儿主体性发展、发挥中发挥着外在引导、指导作用；幼儿主体性的发展、发挥是教师主体性发挥的目的和动因，是幼儿自我发展的内在动因和根本动力。因此，如果简单地把教学过程看成是一方必须适应另一方，就会强化教育的受动性，从而使教学丧失其意义和价值，这不利于社会和个人发展。

幼儿园整合课程内容统整与幼儿学习方式的交互，强调教学活动中最关键的因素"主体性协同"，使教育中的主客关系问题进入更现实，更深刻的研究层面。在交互过程中，如果否认任何一方的主体性价值，必然会导致把另一方（教师或者儿童）当作消极的、被动的客体。教学实践活动中的关系应是教师与幼儿之间相互作用、相互渗透、协调发展的关系，力求由"主—客"关系结构与"主—主"关系结构形成双重构架，把教师的主体性发挥纳入幼儿主体性发展的轨道，在教育情境中凸显由教师与幼儿之间特殊情感的教育关系所构成的丰富教育体验。当教师与幼儿积极主动地带有意向性地投入这种体验中，通过这种体验促使教师与幼儿的主体性价值得以充分体现。

　　在幼儿园整合课程内容统整与幼儿学习方式的交互中，由于每个幼儿是一个独立的个体，有独特的个性特点、思维方式以及学习方式，教育者应观察和尊重幼儿的差异，引导幼儿在学习活动中按照自己喜欢的方式进行学习，突出个体差异性。基于幼儿园整合课程内容统整的目的是教师作为幼儿学习的促进者与支持者，以现代新媒体技术为支撑，将幼儿的学习作为一个有机的、自然的过程而非教师创造的产品①，向幼儿提供生命和自然中丰富的经验，尊重幼儿的生命存在和承认幼儿的个性差异，通过自主设计与创设学习环境以适应每个幼儿的需要，使幼儿能够与充满奇妙和惊异的世界沟通，使教学活动不仅要适应幼儿的差异，还要把幼儿的这种差异作为一种课程资源进行开发。其交互作用的目的是借助媒体技术，通过多极主体间的信息、价值与情感的交互影响来彰显主体性，促进幼儿的主体性发育和教师的教育智慧形成。

　　2. 为幼儿营造选择自由的心理气氛

　　在西方心理学界出现了"生态邂逅"②，这个运动波及儿童心理学领域。儿童心理学界的生态运动是指在儿童心理学研究领域中出现的一种强调活生生的自然与社会的生态环境中研究儿童心理特点的普遍倾向。这种生态环境是一种安全自由的心理氛围，幼儿在这样的自由氛围中通过天赋、能力、本能和智慧来表达自己的个性，分享彼此的经验与情感，建立同伴关系，完善健全自己的人格，发展自己的社会交往与学习能力。交互作用对于幼儿心理的发展的价值正在于此，因为交互作用强调实现主体的价值，培养幼儿的主体性能力。同时，交互作用强调多元主体间的互动，给予幼儿质疑、表达以及学习的自由，理解对立与分歧的缘由，这促使教育中的人际关系达到民主状态。而这种自由选择的心理气氛是由教师和幼儿在课程的灵活变动中创造出来，这样的创造模式不能依靠外界的强制性手段，是在课程内

---

① 安桂清. 整体课程论. 上海：华东师范大学出版社，2007：19.
② 朱智贤，林崇德. 儿童心理学史. 北京：北京师范大学出版社，2006：12.

容和教学情境中天然生成的教学情境，向幼儿提供了解自己与诚实交谈、安静思考的机会，而这正好满足了我们希望实现的"自然教育"的愿望。

（二）促进幼儿、教师和外界事物之间的意义建构

1. 注重交互活动中的灵性思维，激发幼儿的学习兴趣

交互过程是以整体主义观为哲学指引，而灵性思维是其典型特征，认为"每个人的灵魂中有某种神圣的创造力量在激励着个体不断超越现有与已知，在有限中求无限……通过向自我之内和自我之外的陌生物敞开，寻求超越和转变现有的生活方式，寻求能想象到的可能性，寻求与比自我更广大的某物的动态联结，寻求自我、他人和世界的更新与丰富"①。而这种灵性思维方式的形成过程正是在幼儿园整合课程内容统整与学习方式的交互过程中，教师与幼儿在一定文化背景中批判地面对其所生活的文化和社会情境，是教师和幼儿对幼儿园整合课程实施过程的敏感洞察和对内外生活意义的建构过程。

交互作用强调人的主体性形成、发展的方式以及与外界的相互关系。②只有经过教育者、学习者与教育情境的相互作用，才能实现理想的教育效果。将整合课程内容统整与幼儿学习方式的交互引入到课程实施活动中，教师通过自己的教育智慧去改进教学情境和学习气氛，增强教学的趣味性，形成主动建构式学习氛围，更易激发幼儿的积极性、主动性和创造性，打破了传统的忠实取向的课程实施观：教师讲、幼儿听，教师讲教材，幼儿学教材，教师唯教材是尊，幼儿惟教材是真，幼儿只能跟着老师学，复制教师讲授的内容，而不必思考，教师甚至不允许幼儿思考与提问。同时，也改变了传统教育方式给学生造成的死记硬背、机械训练的状态，有效消除了常规学习方式造成的疲劳厌烦情绪。在力求民主、平等的交互式学习中，教师从激发幼儿的学习兴趣、启迪幼儿智慧和培养幼儿主动学习的精神出发，选择适合幼儿发展的课程内容及转变教育教学方式，即提高教学内容和教学形式的趣味性，激发幼儿潜在的学习兴趣，使学习成为一种真

---

① 安桂清. 整体课程论. 上海：华东师范大学出版社，2007：12.
② 石筠弢. 学前教育课程论. 北京：北京师范大学出版社，1999，（6）：114.

正的内在需要，最终促进幼儿学习方式从"要我学"向"我要学"转变。因此，教师要根据幼儿个体差异灵活生成和调整各类课程方案，通过交互过程促进幼儿对日常生活意义与目的的感悟，着眼于幼儿的主体性价值提升，以期最大限度地实现每名幼儿都能获得对生命的整体性与相互依赖的体验，创造性地寻求自我在智力、创造力、精神、社交及情感方面产生的满足感。

2. 适应和支持幼儿的学习精神

瑞吉欧学前教育系统的创始人马拉古奇指出："站在旁边等一会儿，留出学习的空间，仔细观察儿童在做什么，假如你能透彻了解，你的教法也许与以前大不相同。"[①]教师应以儿童的"合作伙伴"身份参与儿童感兴趣的项目中，并与幼儿站在同一角度时，以适应幼儿学习的基本需要。其间，教师可能不一定以童心来对待幼儿，但一定以绝对宽容和理解的心来看待他们。这样的支持，对于幼儿自身的探索和求知的品质创造具有重要意义——这是一种根植于幼儿生命的教育。幼儿是主动的学习者，是自身成长的主人；他们内心充满了生长、求知、理解客观世界的欲望，他们好奇心特别强，脑袋里装满了对世界的"为什么"。随着幼儿的独立性不断发展，其好奇心和求知欲要求他们去从事某一方面活动以适应自我意识的发展需要。而这些需要在他们对各种问题的探索、寻找答案的过程中得到满足，并由此而得到宝贵的经验，或者产生新的认知冲突，激发新的学习动机。基于维果茨基的最近发展区理论，幼儿的聪明才智不是天生的，也不靠教师更不是千篇一律的课程教出来的，而是教师在显性的、经验性现实的基础上，在激发幼儿潜在的学习兴趣、愿望中，引导幼儿把生命和宇宙的神秘纳入其视野，凭借幼儿对探求问题答案的浓厚兴趣而形成对各种生命形式之间的紧密关系的深刻理解。

综上所述，交互作用价值的根本就在于凸显个体差异、尊重幼儿所具有的联系的、直觉的、创造性的和身体的认知方式，从而凸显幼儿的主体性价值，保护幼儿潜在的学习兴趣，激发他们的潜在的学习动力，使幼儿的学习成为融自我发现的内部过程于合作的活动之中。

---

① 转引自张青青. 倾听花开的声音——来自意大利瑞杰欧的启示. 教育视野，2007：7.

二、交互作用下幼儿园整合课程价值实现——主题统整课程实施

二者的交互作用是通过对幼儿园整合课程的活动设计、实施和管理来实现。本书以"我见过的海里小动物"为主题的课程活动，通过此项课程活动的设计和实施来阐述幼儿园整合课程与幼儿学习方式交互作用下的价值实现。

（一）交互作用下幼儿园整合课程价值实现的根本途径——课程活动

根据课程展开的、以幼儿发展为目的的课程实践活动是幼儿园整合课程实现的根本途径。这一活动融实践认识过程于幼儿教育价值实现活动之中，是课程实施中的教师教与幼儿学的活动统一，具有情境化特点。

在课程实践中，由于幼儿的自身发展和学习特点，幼儿对特定教育活动情境的依赖是其学习活动的重要特点，这里的教育活动情境是指包括幼儿自身及活动对象在内的对活动过程具有影响的多种因素的组合。从这个意义上说，没有幼儿的参与就不存在完整的教育情境，幼儿是活动情境的重要组成部分。这种情境观把幼儿的学习看作是情境中诸要素的互动过程。首先，在这一教育活动情境中，具有特定需要的幼儿是这一情境的核心所在，幼儿以其自身的发展需要为动力，投入学习，并成为学习活动情境的有机组成部分。其次，与幼儿发生相互作用的课程材料，应与幼儿的活动特性、发展特点相适宜，适合幼儿的多种感官和行为方式，能以多种形式呈现和表现；并且，不同的经验材料之间的相互作用是在教师指导下进行的。在教育活动情境中，教师不断促进课程内容的经验化，使之不断适合幼儿的学习需要。同时，教师还要对幼儿的学习进行及时的、具体的引导和帮助，如激发幼儿的学习兴趣，提供或建议具体的活动策略、规范。活动中的其他环境因素也在现实地对幼儿的学习发生作用。以上各要素的相

互作用和影响共同构成了幼儿园教育活动的情境。

（二）主题统整课程活动设计及实施

现代幼儿园整合课程的内容统整是以斯腾豪斯的"过程模式"为导向，强调知识和教育活动的内在价值，将幼儿视为一个积极活动者，鼓励幼儿自主探索具有教育价值的知识领域和积极参与各种教育活动，主张教育过程应给幼儿足够的活动空间，注重教师、幼儿、课程内容三者的交互作用。

1. 主题的含义及功能

在语言文学视野中，主题是指文学、艺术作品中包含的基本思想、中心思想。日常生活中的主题是指人们讨论的话题或中心思想。人文科学所包含的主题是由理性、思想、意识、价值、感觉、感情、行为和目的等所描述的人类世界，将之运用到在课程与教学研究范畴中，主题是经验的焦点（focus）、意义（meaning）和要点（point），主题是人们描述生活经验结构的一个方面而不是文本中遇到的某个对象。在幼儿园整合课程研究领域，"主题"意指课程的某一单元、某个时段所要讨论的中心话题（包括焦点、意义和要点），通过对这些中心话题的讨论，对中心话题中蕴涵的问题、现象、事件等进行探究，使幼儿获得新的、整体的、联系的经验。因此，幼儿园整合课程中的主题，不仅是中心议题本身，还包括中心议题蕴涵的或与中心议题相关的问题、现象及事件等。因此，根据主题的名称无法准确推断整个主题的内容，不同设计者对主题的理解、创造、发现和意义的揭示不同，从中心议题向外拓展的范围和层次也有所不同。

幼儿园课程中的主题焦点是围绕主题名称展开、将其作为教育内容的一种组织形式，它具有多层次的整合功能，并以教育内容的整合为追求。主题的展开可能会以学科知识作为背景之一，但主题的展开并不遵循学科线索，而是以主题所蕴涵的基本事件、事实、现象等为中心。因此，从主题引发的活动可能有不同的侧重点，有的活动以认知为主，有的活动以技能训练为主，有的活动以情感体验为主，但这几类活动是整合的。以主题展开的活动可能与特定的某个学科相关，更多的活动则与多个学科相关，体现了跨学科的整合性。在一个主题中，不同的活动又是以主题为核心相互关联的，这是以主题为整体的整合。在一个以主题为组织形式的课程中，主题之间联系的核心线索不是学科，而是幼儿的整体发展。这是一个更高层面上的整合。正是由于主题具有的多层次整合功能，幼儿园在课程设计中较多地采用了主题整合形式。

2. 整合课程主题及设计

幼儿园整合课程的主题具有以下特征：主题是基于师幼对意义的需求，通过创造（解释性成果），发现（与生活文本进行对话的解释性成果）揭示事物的意义（生活文本给予的解释性成果），对事物保持开放性。某一主题与其议题蕴涵的学科概念间的关系："主题是理解概念的手段，主题可提供一种确定的表达方式，主题描述概念的内涵，主题总是对概念的还原（没有任何一个主题表述可以完全揭示概念的经验性意义的深刻内涵、全部奥秘以及经验中那些难以捉摸的方面）。"[①]据此，整合课程的内容统整是基于整体课程的理想——"受探究驱动的、跨学科的和整合的，基于相互关联、完整、多维存在等明显假设的课程"[②]，对分化的课程内容、整合过的课程内容以及原初就没有分化的课程内容进行统整，其实质是关注幼儿的经验之间的关联。由于整合课程是"去边界"甚至"无边界"的课程模式，因此，其内容同样是"去边界"或"无边界"的，这就意味着那些未分化和被整合过的内容都可以被纳入整合课程的内容范畴中。

整合课程内容的组织方式有多种，源于幼儿自身的发展和学习特点，主要是以主题为中心的组织方式。在幼儿园课程内容的组织中，主题是指不同内容共同指向的核心问题。以主题为中心组织的课程内容，即选取和确定一个主题并将与该主题相关的内容组织起来，这种课程内容的组织方式与分科课程纯粹以逻辑关系或价值关系为依据组织课程内容的方式有显著区别，这意味着通过这种形式组织的课程内容将是整合的、去边界的。但是基于主题的课题内容选择和组织应在

---

① 马克斯·范梅南. 生活体验研究——人文科学视野中的教育学. 宋广文等译. 北京：教育科学出版社，2003：115-116.

② 安桂清. 整体课程论. 上海：华东师范大学出版社，2007：36.

一定的逻辑关系或价值关系中组织课程内容，所以主题的确定以及相关内容的选择和组织需要教师对整合课程的主题进行周密设计，体现出整体课程的本质："整体课程在本质上关注人的经验之间的关联——身心之间的关联、线性思维和直觉认知方式之间的关联、学术性学科之间的关联、个人与社会之间的关联、个人的自我与超自我之间的关联。"[①]

幼儿园主题整合课程是幼儿在教师指导下，围绕着"主题—次主题"展开的一项整合性活动，其微观结构是由活动主题、具体的任务、幼儿的自主活动构成。在每个系列活动中有明确的主题，活动目标和具体任务都是根据这个主题确定，整个活动始终围绕主题展开。主题由幼儿和教师共同参与选择确定，涉及范围广，符合幼儿的需要和兴趣。在主题活动课程实施中，教师是引导者和促进者，幼儿才是活动的真正主体。且由于每个幼儿生活的环境、已有的学习经验不同，同样的主题可能有数量不同、难度不同的任务，每个幼儿通过独立地、创造性地完成各种任务，使其在活动中的收获和发展有可能完全不同，从而实现幼儿个体自由而充分地发展。

主题整合课程在很大程度上弥补了学科课程的缺陷。它促使幼儿在活动中实现了各种知识的整合、能力的迁移，从而提升了知识的价值。由于整个学习活动是在教师指导下，根据幼儿的现实需要和兴趣设计，通过师幼对话和幼幼间的交互作用，幼儿自主生成课程，因而，它能够激发幼儿学习兴趣，使其在真实的（不是模拟的）社会环境中通过实践进行自主学习。

（1）主题确定的依据：以幼儿的周围生活为基础设计主题活动

幼儿周围的自然环境和社会环境是影响其发展的重要因素。主题的选择应适合幼儿的不同发展阶段和与其年龄相适宜的学习体验，对于小班和中班幼儿，主题是具体的、关注幼儿的物理操作体验；对于大班幼儿，主题应该是抽象的、关注幼儿的智力和情感协调发展。较低层次的幼儿园课程整合围绕具体的概念，如用"苹果""狗"等来联结事实和不同的课程领域，幼儿对此主题的学习，更多的是关注内

---

① 安桂清. 整体课程论. 上海：华东师范大学出版社，2007：36.

容，而非理解知识在不同情境之间的迁移。较高层次的幼儿园课程整合围绕共同的、抽象的概念，如用"艺术"来组织课程。由此可见，幼儿园整合课程内容统整的目的是培养幼儿的高级思维能力、加深理解、促进迁移。

幼儿园课程主题源于幼儿个人自我问题及世界问题，同时涵盖个人自我问题与世界问题的组织中心或主题。为此，我们应以幼儿周围的生活作为主题设计的基础，组织的主题（organizing themes）来自幼儿现有的生活和经验，计划始于一个中心主题，然后借由确认与中心主题或活动相关的观念，展开课程计划。这些组织中心把知识加以脉络化，将学科知识置于情境脉络中，幼儿更容易接近和感受到它的意义。据此，幼儿园整合课程主题网络编制本身是一种过程取向的课程价值理念，统整的基本精神在于由幼儿来开发、使用课程资源而非教师，这是一个动态的、创造的过程。课程统整设计不需要考虑科目领域界限，知识所扮演的是一种课程资源供给者角色，提供主题情境、相关议题和活动资源，任何一种组织中心均可用于课程统整。这些组织中心为幼儿提供的主题具有一致性和连贯性，通过组织中心重复出现并吸引幼儿不断建构意义。

幼儿园整合课程主题的选择与确定，通常要反映幼儿的生活背景和兴趣，以及特定的文化传统和自然资源状况等。只要是与幼儿现实生活相联系、幼儿感兴趣的问题，都可以作为课程统整主题。

主题统整源于幼儿的生活、自然世界和社会。自然是人类赖以生存的环境，随着日趋严峻的环境危机，幼儿发展环境的缺失日渐凸现。因此，课程应关注幼儿对自然的正确认识，幼儿与自然世界的亲密接触会使其趋向于对自然的好奇、兴奋和敬畏，培养他们对自然的尊重与关心，促进幼儿健康发展。例如南京市实验幼儿园编制的"春天来了""神秘的天空"等整合主题活动，正是与幼儿的生存环境密切相关的自然环境，而这些自然环境又是幼儿的生活世界。幼儿的生活世界是教育发生的场所，也是教育意义得以建构的场所。那么，整合课程就应密切联系幼儿的生活世界，注重对幼儿生活世界的回归。如"我爱我家""爱我家乡"这两个主题都源于幼儿的生活世界——因为幼儿最亲密的生活环境是家庭，其次是家乡。从"我爱我家"这一中心主题出发，创设出"认识我自己""我的爸爸妈妈""我的家庭"等与幼儿生活密切相关的系列次主题，引领幼儿认识自己的生活世界。基于幼儿个体发展与社会发展的一致性，整合课程内容统整较好地弥补了分科课程的不足，幼儿在幼儿园里所学的内容与社会生活紧密联系起来。

生活、自然与社会三者相互联系，密不可分，整合课程的主题源往往是三者的联结与转变。如南京市实验幼儿园、上海实验学校开发的整合主题活动"愉快的夏日"，这是一个既与自然相联系，也与幼儿的日常生活环境相联系的主题，通过幼儿参与课程主题的创生过程，使这三者在更为广阔的背景中由预设的封闭性课程走向生成的开放性课程。关于幼儿园整合课程与社会生活的内容统整有两条途径：一是把幼儿现实生活中遇到的重大社会问题设计成"案例研究"或"专题探讨"等灵活多样的形式，融入相关的课程领域，培养幼儿运用知识和整体观念解决实际问题的能力；二是针对一些重大社会问题创设新的整合课程主题，在课程中以解决实际问题的逻辑顺序为主线，把有关知识、经验、方法和手段加以组织和安排，这样的课程具有跨学科特征，呈现出自身的逻辑系统性，这对于促进知识整合化，促进课程内容更新和有效教学具有显著的功能。

幼儿园整合课程内容统整要求打破学科框架、淡化学科体系，以幼儿的周围生活为主线贯穿课程内容统整的全过程，主题是联结课程内容统整主线的枢纽，学科概念是保持其相对完整的科学体系的基础。

幼儿周围的生活环境，依据课程资源分布的空间不同，将整合课程资源分为园内课程资源和园外课程资源。整合课程的主题设计应充分考虑课程资源的因素，园内的各种设施、环境、文化、师资和幼儿都是园内课程资源，这些课程资源的开发和利用在整合课程的主题统整设计中占主要位置；园外的课程资源包括社区的课程资源、地区的课程资源，更多是一种辅助作用。如以"我们的家乡"为整合主题进行活动设计，重庆地区的整合课程主题设计应考虑重庆这个课程资源库的潜在价值：重庆的三峡历史博物馆、大足石刻、红岩历史博物馆、烈士陵园等都是很好的课程资源，歌乐山和缙云山等是国家级重点自然保护区，还有西南地区最大的海洋世界、野生动物园等，教师可以组织幼儿去实地考察、访谈或通过网络来获得相关的课程资源。

（2）主题统整设计原则：以整体幼儿的培育为导向

3—6 岁幼儿的生理、心理处于迅速地连续变化阶段，所以，幼儿园教育必须适应其这种连续发展的需要，幼儿教育的根本目标在于培育智力、情感、体质、交际、审美和灵性协同发展的整体儿童。整体主义的代表人物罗恩·米勒认为[1]，每个人都是一个能力、潜能和创造活力互相联系的复杂系统，灵性是体质、交际和其他人格来源之外的内核，是人的真正本质。因此，幼儿不是被教师和家长利用的资源，而是一个具有尊严的整体儿童。在主题课程统整设计中，使每一个主题活动在一定文化背景中创生和建构，让幼儿获得整体的生活经验。

首先，把握设计主题的背景关系，建构逐渐积累的学习原则。未来学家哈曼（Harman）提出"背景即意义的联结"，克拉克在此基础上指出"课程设计就是创造意义的背景"，强调思考任何情境都应关照其文化背景中的四种关系：主体背景中的我们同自己或他人的关系；时间背景中的我们与过去、现在与未来的关系；符号背景中的我们与信息和知识世界的关系；生态系统中的我们与自然世界的关系。[2]因此，在进行主题统整设计时，我们根据幼儿的人际关系和生活体验、年龄特点、幼儿认同的思想和符号、生存发展需要，根据从易到难，从基本的、简单的浅显的生活内容开始，逐渐转向高一级的、较为复杂的内容来统筹设计各主题活动，并引导幼儿从问题情境出发，探讨某一主题产生和实施中的主体背景、时间背景、符号背景和生态系统间的整体关系，揭示主题所处的复杂关系网络。例如，"认识冬天"的主题活动，小班开展"天冷我不怕"的主题，只要求幼儿不怕刮风下雪，每天坚持上幼儿园，组织他们参加各类游戏和练习活动；中班开展"冬天里的活动"的主题，教师注意引导幼儿观察、了解冬天，要求幼儿通过参加结冰试验和玩雪游戏等活动，积累生活经验；大班开展"冬天里的'为什么'"主题活动，进一步要求

[1]　转引自安桂清. 整体课程论. 上海：华东师范大学出版社，2007：121.
[2]　转引自安桂清. 整体课程论. 上海：华东师范大学出版社，2007：124.

幼儿从动、植物和自然景象的变化等方面来了解冬天特征，知道有关的因果关系，形成"冬天"的简单概念，进而诱导幼儿逐渐关注与冬天相关的社会问题——冬天雪灾引发的贫困问题及解决方案，教师则提供更多机会让他们独立组织筹划有关展览会、汇报会和讨论会。表面上，这三个"认识冬天"的主题是相对独立的，但它们具有内在联系，无论从知识的系统性还是能力培养的连贯性来看，前面的主题活动总是为后面的主题打基础，后面的主题活动总对是前面的主题进行深化和提高。

其次，重视学习的适宜性，培育整体幼儿。我们应根据幼儿的年龄特征和具体条件，在把握主题背景关系的基础上，抓住幼儿发展的关键期开展与之相适宜的主题学习活动。布兰达·利尔曼（Lealman）强调，教育必须承认儿童意识的超个人维度，通过创造、修复、超越等行动来支持儿童整体发展。①因此，在课程主题统整设计时，要充分考虑创设完全不同的教育环境，让幼儿关心周围生活，通过幼儿自身活动去体验周围生活，培育幼儿的创造性。例如，在小班开展"高高兴兴上幼儿园"的主题统整设计时，应重视幼儿的准备状态，通过创设具有个性化的幼儿园活动环境，引导幼儿创造性地做好与幼儿园教育内容相关的知识经验、技巧、身体、态度方面的准备，幼儿能迅速适应集体生活。在实施"高高兴兴上幼儿园"主题活动时，为了修复少子化时代所带来的幼儿个体在家庭学习经验中的孤立感，将每个幼儿在园内的学习经验置于幼儿群体生活和家庭、社区生活经验的大背景中；并通过幼儿参与音乐、绘画、游戏、科学和劳动等活动过程表达自己对幼儿园学习活动的认识和情感，让他们产生感兴趣和具有吸引力的问题，并专注于对某一问题的探究，体验活动过程的乐趣，养成善观察、好提问、爱动脑筋的学习习惯，初步掌握一些简单的学习方法，实现自我超越。

（3）主题设计的方法

幼儿园整合课程的主题设计是一项不断生成的工作，由中心主题而引发幼儿对主题背后的学科概念进行探究，并由系列的学科概念而

---

① 安桂清. 整体课程论. 上海：华东师范大学出版社，2007：121.

生成系列的具体活动。

　　主题设计有递进式、整合式和探究式。递进式是指课程围绕一个总主题展开，分成若干个次主题，将总主题逐步递进，不断升华。即：在中心主题被确定后，分析主题源中包含的信息要素，寻找合适的展开线索，将这些信息要素进一步分解，引导幼儿扩展主题源，找到次一级主题要素，不断将主题范围缩小而形成单元，确定幼儿真正具体学习和研究的内容，形成系列具体项目活动。将主题明确地划分为一级主题、二级主题、三级主题等，主题层次越高，包容范围越大，内容越丰富。例如，围绕中心主题"我的家乡——泉州"而生成的主题统整网络图 5-3，粽子、惠安女服饰、闽南家居、古寺庙等三级标题也可以引申为概念，再根据此概念综合成各种活动。

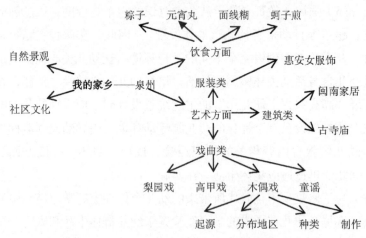

图 5-3　"我的家乡——泉州"主题统整网络

资料来源：许亚莉. 幼儿园主题式课程设计策略. 幼儿教育，2003（5）：10-11.

　　整合式主题设计符合幼儿园课程内容统整的特点。如整合主题活动"我们的家乡——重庆"，可以涵盖重庆的自然地理考察、植物研究以及植物标本的制作，教育博物馆、三峡历史博物馆、红岩历史纪念馆、野生动物园及秀丽的缙云山等，可以涉及自然、社会、认知、技能、情感态度等多方面内容，这些内容是以幼儿感兴趣的真实问题为任务驱动，选择与幼儿探究的中心问题有关的背景性问题，由背景性问题所涉及的学科概念架构而成的内在统一体，最终实现人文与科学精神的整合。

（三）主题统整方案实施——基于案例的分析

以皮亚杰和维果茨基的儿童学习观为基本指导思想，本书积极探讨用活动方式来建构幼儿学习的动态过程，促使幼儿在活动中满足内容与学习方式的有机交互，来实现幼儿的整体发展。

幼儿园整合课程活动设计遵循"整体学习与教育灵性网络"①，这里的"整体学习"是基于相互关联和整体性的原则，把幼儿看作是身体、心理、情感和精神完整的人，通过各种不同形式的共同体，寻求学科之间、学习者之间关联的教育学的方式，寻求学习情境中诸要素间的动态平衡，具有较强的包容性。本书以南京师范大学出版社出版的《幼儿园活动整合课程（中班上）》为例，从与幼儿生命灵性相关的话题出发来预设课程的主题源"我见过的海里小动物"，依据幼儿学习品质的整体性特质，分析主题源中包含的信息要素"海螺、海龟、海鱼"等，形成次级主题，抓住幼儿特别感兴趣的"海龟"这一主题，分析"海龟"蕴涵的背景关系，确定课程活动的目标和设计具体的活动方案，促进整合课程内容统整与幼儿学习方式的交互——教师、幼儿（现实经验与学习方式）与整合课程内容之间互相依存、互相影响。具体交互作用如图 5-4 所示。

1. 幼儿（现实经验与学习方式）与内容的交互

该案例属于主题式课程统整设计，关注幼儿获得整体的、有联系的经验，追求对幼儿具有整体意义的教育价值。主题要素是主题网络（幼儿园整合课程内容）中的一个点，是整体的、有联系的经验中的一个点，具有整体主题网络所蕴涵的价值特征，因此，充分挖掘和利用主题要素所隐含的网络价值，是开展主题式课程的关键。也就是说，从某一主题要素着手设计课程时，活动目标和要求所体现的不仅是某一主题要素本身的价值目标，始终留有一定的空间来体现主题网的价值追求。这样才能保证幼儿的生成性活动与教师的预定性活动相

---

① 安桂清. 整体课程论. 上海：华东师范大学出版社，2007：138.

统一，使目标的系统性与生成性相结合，促进幼儿主动"恢复学习的整体性"。

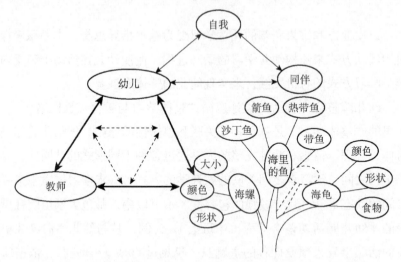

图 5-4　主题课程统整方案"我见过的海里小动物"交互作用图

在该活动设计中，将人类与世界中的所有物种置于平等的关系中，幼儿结合自己的现实经验投入到"我见过的海里小动物"这一个主题课程内容中，师幼通过真实的生活情境"装满小海龟的玻璃缸"建立"海龟"与其生活的环境"大海"之间的联结，通过发散式学习和发现学习去获得有关"海龟"与"大海"的联系；依据同化学习原理，去思考"海鱼"等其他小动物与"大海"的关系。教师将幼儿置于具体的情境中，特别是将直觉作为幼儿认知的有效方式，使其通过观察、绘画、讲故事、讨论和展示等多种认知方式去主动尝试。幼儿在教师营造的安全的心理环境中，始终是作为一个自我反思的参与者而存在。基于整合课程内容统整下的"幼儿与内容"交互，已从传统的工具性学习观（注重知识的接受）转变为精神性学习观（寻求学习的内在价值），学习活动成为幼儿生命趣味的源泉。在这一活动中表现为，幼儿与学习内容交互不仅提高了他们对大海中的动物认知（如形状、大小、颜色、食物及习性等），发展了幼儿的观察、动手、思考及语言表达能力；尤为注重培养幼儿关心和热爱海中小动物的情感，强调重新认知人类世界，以及人类与它们的关系。

2. 教师与内容的交互

为了更好地组织课程活动，教师与课程内容的交互表现为教师将结论与过程、认知与情意融合在主题的选择方向与生成恰当的主题源方面，为幼儿提供了开放的学习内容和选择的可能性。本活动设计主要包括主题的预设和生成两方面。一方面，教师根据幼儿的身心发展特点和对"海里小动物"的现实经验，准备"海里小动物"这一课程活动所需的"小海龟""小海螺""小热带鱼"等材料，呈现的主题源"乌龟"是从幼儿生活中精选的、具有典型教育意义的话题，教师从与幼儿已有的生活经验贴近的主题源"乌龟"（小海龟）入手，将玻璃缸中的"海龟应生活在哪里？"置于具体的教育情境中，引发幼儿主动探究的欲望。这就为"我见过的海里小动物"主题网络能否生成提供了知识统整架构的可能性。另一方面，教师以情境设置为基础，追随幼儿的情境化学习反应来决定或改变课程材料和呈现顺序，采用线性规划方式将幼儿已有的学习经验与现有的学习过程融为一体。教师提问"小海龟住在哪里？"引发幼儿讨论，随后又提出"还有什么小动物住在大海里？"，通过幼儿的辐合性学习方式与直觉学习相结合，生成课程内容的主题网络。

3. 幼儿与教师的交互

师幼之间的信息交流是基于"学习共同体"的教育价值取向，教师为此提供了具有支持性的、灵敏性的、有价值的、回应性的、可接受的学习环境，以教师预设的主题源"可爱的海龟"开始，教师通过恰当地运用概念提出"你们知道小海龟住在哪儿吗？"，让幼儿对此问题进行质疑，随着幼儿对相关问题的深入探究，教师采用问题识别主题背景"还有什么小动物住在海里？"，以探究"海里的小动物"这一任务驱动为导向，教师鼓励幼儿共同探究提出的中心问题，整合家长的教育资源与幼儿协同发展新的"故事"，整个建构活动处于师幼同步和异步交流与共享的氛围。其中，师幼的交互多数采取同步方式，即教师通过讲解、提问、示范及讨论，让幼儿参与海龟、小海螺、海里的鱼等有关"海里小动物"的课程内容，而幼儿又通过聆听、观察、讨论等来回应教师的指导，这种交互在提升了幼儿的自我价值感、创造性的智力努力和负责任的行为的同时，使教师从自己与幼儿的信息交流关系中获得了教师身份的建构。

4. 幼儿与同伴的交互

幼儿之间的交互与师幼的交互机制是相同的，即不仅要展开师幼之间的信息交流、讨论活动，还应鼓励幼儿之间进行交流和讨论。幼儿与同伴是基于学习共同体的关系背景中，他们受到共同的学习需要、愿景驱动，全身心地投入认知性交互和情感性交互过程，每个幼儿以不同的学习经验和生活背景对主题"海里的小动物"进行探究，通过各种活动进行手、心、脑整体参与学习。同时，全班幼儿选择相关的资料进行讨论，在欣赏同伴的"作品"中分享和理解同伴的经验。这种交互不仅是知识交流活动，还涵盖了幼儿对存在于自我同他人之间的差异性认同，帮助幼儿养成了宽容与尊重的品质，促进了幼儿对学习意义的建构。

5. 交互中的交互

无论是什么样的课程，其实施都离不开教育者、学习者与课程内容这三大要素。只有经过教育者、学习者与课程内容的相互作用，才能实现理想的教育效果。教育者及其学习方式与课程内容是三个彼此作用联系又相对独立的系统。这三个系统的交互作用表现为三个层面：第一个层面是作为人的教育者和学习者与外界事物的交互作用，可称为个别化的互动。第二个层面是作为人的教育者和学习者之间的互动，即人与人之间的社会性互动。因此，在本活动设计中的"交互中的交互"处于开放的教育生态系统中，以问题教学法为主线构建了"教学连续体"①，师幼都能在这个教学连续体中选择适合自己的活动，建立起真正的"对话与交流""合作与分享"关系。因此，在这个交互的生态系统中，教师与幼儿学习方式之间的交互促进了教师与内容之间的交互，而教师与课程内容"海里的小动物"的交互又促进幼儿与该课程内容之间的交互。随着幼儿与内容的不断交互，幼儿通过自己的反思性学习和参与反思性的环境实践形成"生态学自我"；而幼儿与内容的交互又会促成教师与内容的交互次数增加，教师引导

---

① 转引自安桂清. 整体课程论. 上海：华东师范大学出版社，2007：84.

幼儿逐渐向预设目标靠近。

在幼儿与内容的交互、幼儿与教师的交互、幼儿与同伴的交互、教师与内容的交互过程中完成了交互中的交互，提高师幼的"生态学素养"——"需要拥有理解相互关联所需的知识以及关爱所需的知识以及关爱的态度，同时也拥有依照知识和感觉的基础采取行动的实践能力"①，最终实现课程活动与幼儿学习方式交互的价值。

从幼儿园整合课程设计和实施过程可知，幼儿园整合课程不是完全由专家或教师预先计划、设置特定的知识载体，而是一个由教师预设和幼儿生成相结合的过程。统整课程的主题始于"事物联通性"的假设，以某一特定的任务驱动作为主题开发的方向，幼儿处于学习的中心位置并且享有课程开发过程的主动权。课程实施中，教师是幼儿活动的观察者、合作者和支持者，将幼儿置于一个整体的、具有情境意义的学习背景中，师幼通过内化与领悟、感受与体验、协调与整合实现了内容与学习方式的交互，在共同的学习活动中建构了完整的人。

下文是交互作用下的幼儿园整合课程的价值实现的案例②。

实录一 幼儿园的刘老师在中班上一堂以"我见过的海里小动物"为主题的活动。该主题的重点是在观察基础上，以美术绘画、制作为主，让幼儿感受到海底世界的美丽。目的是在活动过程中发展幼儿的观察、动手能力及简单的语言表达能力。

实录二 教育活动开始了，刘老师带着一个装满小海龟的玻璃缸走进了课堂。当孩子们看到小海龟时，大家便七嘴八舌的讨论起来。

贝贝说："看！多可爱的小乌龟呀！"

明明问："老师，那是小乌龟吗？"

刘老师问道："小朋友，小乌龟可爱吗？"

"可爱！"孩子们齐声答道。

"你们知道小海龟住在哪儿吗？"

---

① 转引自安桂清. 整体课程论. 上海：华东师范大学出版社，2007：114.
② 摘自重庆市某实验幼儿园中班的教学实录.

"我说。""我说。"孩子们争先恐后地答道。

"小西，你来说。"刘老师叫其中一个孩子回答。

"小乌龟住在鱼缸里，我姐姐家的鱼缸里有小乌龟。"

"不对，不对。我妈妈带我去海边散步时，我看见了小乌龟在沙滩上爬，妈妈说，小乌龟住在大海里。"华华说。

"小乌龟究竟住在哪里呢？"刘老师再次问。

孩子们你一句我一句地讨论起来。最后，他们决定同意华华的说法——乌龟住在大海里。

这时刘老师抓住时机，再次提问："还有什么小动物住在大海里？"

"我知道，还有好多小鱼。"浩浩回答说。

"还有小海星。""还有小海螺。"……

"好，小朋友们不要再说了，老师听不见你们的答案。你们能不能给老师画画海里的小动物呀？"

孩子们拿出水彩笔，开始在纸上画小动物。十分钟过去了，孩子们都画好了小动物，大家互相展示自己的"作品"给同学看。

这时，明明问道："老师，华华画了小乌龟，我画了小鱼。我想讲一个关于它们的故事好吗？"

"好呀！"刘老师说。于是，明明绘声绘色地讲述了一个小故事。

"明明真棒！"刘老师说，"小朋友，除了这些小动物住在海里，海里还住着什么动物？"

实录三 小朋友放学回家后，有的要爸爸在网上下载资料，看看还有哪些动物生活在大海里；有的要妈妈带他去海洋馆看看……孩子们通过不同的途径了解到大海里海住着鲨鱼、鲸鱼等动物。第二次上课时，孩子们都迫不及待地讨论大海里还有什么动物。

三、新媒体背景下幼儿园整合课程价值实现的案例分析

本书以 2018 年第 16 届全国中小学信息技术创新与实践活动——

幼儿园教育活动实践评优获奖作品"和米罗一起游戏"为例，完整地呈现幼儿园整合课程与幼儿学习方式的交互全过程——幼儿与内容的交互、教师与内容的交互、幼儿与教师的交互、幼儿与同伴的交互、人机交互以及交互中的交互，以此实现师幼协同发展。

（一）活动设计分析

大班幼儿抽象思维萌芽发展，能够用自己独特的方式去理解生活中出现的符号元素，同时也掌握了美术教育活动的基本线条。米罗的抽象画作中，包含了美术教育活动的点、线、形等基本艺术元素，没有明确具体的形，颜色也非常简单。这些风格特点与幼儿的审美情趣和美术心理特点极为契合。

《幼儿园教育指导纲要（试行）》指出：教育活动的内容既适合幼儿的现有水平，又有一定的挑战性。抽象符号背后"真实原型"的解读以及运用符号、对比等表现手法，这对于大班幼儿有一定难度，但是根据维果茨基的最近发展区理论，通过"幼儿—交互式触摸一体机—教师"的三维交互原理，可以促进幼儿的审美感、创造性表现美的能力得以发展。因此，教师设计的该主题活动中，充分运用交互式触摸一体机，支持幼儿探索米罗作品的共同特点，正确"解读"名画。同时，通过游戏化学习方式，让幼儿在创作过程中认同与接纳米罗夸张、独特的想象。

1. 活动目标

幼儿发现米罗作品中点、线、色块等基本元素的特点，感知米罗作品的风格；学习运用符号、对比等表现手法，大胆创作具有米罗特色的作品；体验想象、创作带来的快乐与成就感。

2. 活动准备

（1）经验准备：幼儿掌握交互式触摸一体机的基本操作，如点击、拖动等；幼儿对米罗本人及画作有了初步的了解，有过欣赏美术大师作品的经验。

（2）环境创设：交互式触摸一体机、教学课件、微课、骰子、游戏卡、颜料、水彩毛笔、画纸、记号笔等。

3. 活动重、难点

（1）重点：学习运用符号、对比等表现手法，大胆创作具有米罗特色的作品。

（2）难点：发现米罗作品中点、线、色块等基本元素的特点，感知米罗作品的风格。

（二）活动实施过程

1. 视频导入，激发兴趣

教师播放米罗作品《花园里》创作视频，激发幼儿兴趣。

（1）今天老师给你们带来了一幅漂亮的画，我们一起来看看吧！你知道他是谁的作品吗？

（2）他就是米罗爷爷的作品，你是怎么看出来的？

2. 欣赏名画，发现特点

原来，我们在之前已经初步了解了米罗爷爷，那么今天，老师有一个任务要给你们：在米罗爷爷的作品中找出重复出现的图案和颜色。

（1）你在画上看到了什么？

（2）作品中，重复出现了什么图案？这个图案像什么？

幼儿在触摸一体机上进行圈画、拖曳。

（3）作品中主要用了什么颜色？

幼儿在触摸一体机上进行圈画、拖曳。

小结：米罗爷爷的画真是特别，有用色块、线条画成的夸张变形的人和动物，有许多大大小小的点子，还有许多像小雪花一样的"米"字。

3. 观看微课，自由创作

我们将找出来的图案进行了分类，现在我们就和米罗一起游戏吧！

（1）幼儿观看微课视频，了解创作游戏规则。

第一步：掷骰子两次，根据数字找到游戏卡纸上的相应内容，画出两个"大的形状"，注意形状画大一点。

第二步：掷骰子两次，根据数字找到游戏卡纸上的相应内容，画出两颗星星。

第三步：掷骰子两次，根据数字找到游戏卡纸上的相应内容，画出两个"形状"。

第四步：掷骰子两次，根据数字找到游戏卡纸上的相应内容，画出两根"线条"。

第五步：掷骰子两次，根据数字找到游戏卡纸上的相应内容，画出两个"会飞的东西"。

第六步：掷骰子两次，根据数字找到游戏卡纸上的相应内容，画出两个"好玩的东西"。

第七步：自己想象添加线条和形状丰富画面。

第八步：上色。

（2）幼儿自由创作，教师巡回指导。

4. 欣赏作品，分享交流

（1）请个别幼儿介绍自己的画。教师启发幼儿说说自己画了什么。

（2）请幼儿猜猜同伴作品所表现的东西。

5. 活动延伸

将幼儿作品陈列展览，供幼儿自由欣赏。在活动区提供笔、卡纸等材料供幼儿自由创作。

（三）基于案例"和米罗一起游戏"的活动实施过程分析

1. 视频导入，激发幼儿的感知兴趣

教师播放米罗作品《花园里》创作视频，在激趣导入中运用多媒体动画教学，唤起幼儿参与创作活动的表现欲望。

幼儿的注意力不稳定，容易分散，具有较大的随意性，容易受情感支配。多媒体动画具有直观、形象、生动的特点——声像结合、色彩鲜艳、表现力丰富，可以有效地激发并维持幼儿的注意力与想象力，非常符合幼儿的思维特点。而教师将动态的画面生动形象地呈现在幼儿面前，每个幼儿可以根据内容并结合自己的兴趣和意愿，表达自身的情感和体验。在欣赏、观看动画的过程中，幼儿不仅获得了视觉的满足，还有效地激发了表现美、创造美的兴趣。

2. 欣赏名画，发现作品特点

"直接感知、操作和游戏"是幼儿学习的主要途径。教师充分运用多媒体交互式教学于课程实施过程中，支持与引导幼儿走进米罗作品的创作意境，通过个性化操作实现了对米罗作品的欣赏与审思，有效地实现了师幼互动。

在该案例中，幼儿充分利用了交互式触摸一体机的交互功能，实现了由"幼儿—交互式触摸一体机—作品（内容）"到"幼儿—米罗作品（内容）—米罗（人格心理特质）"的完整交互过程。如幼儿可以走到一体机前进行自主操作、点击圈画、拖曳，探究米罗作品中重复出现的抽象图案、颜色等，并将其保存下来，让幼儿在自我体验与感悟的过程中感知与欣赏米罗作品的风格。这不仅使枯燥乏味的审美知识变得生动、有趣，同时有助于幼儿养成自主学习，主动探究的学习习惯，激发了幼儿的审美情趣，使幼儿在有意义的学习中，获得身心的发展。与传统的讲解传授相比，教师在该环节中起到创设环境。观察记录幼儿的活动，并将幼儿的自主操作活动过程及其成果做成微课，引导幼儿在欣赏之后进行个性化创作，效果非常显著。

3. 幼儿观看微课，进入自由的创作过程

在该活动环节，教师以交互式一体触摸机为支撑，通过"米罗作品（内容）—幼儿游戏—幼儿作品（创作）"的多维交互，实现了幼儿成为主动学习者的课程目标。教师通过制作的带有和缓音乐旋律背景的微课视频，将"与米罗一起创作"的游戏规则更加形象直观地呈现给幼儿，改变了美术教育活动中教师出示范画的传统教学方法，有效激发了幼儿的想象力、创造性，突破了活动的难点，幼儿体验到了欣赏作品之美与大胆表达个性美的生命灵动之美，以此唤醒了幼儿主动学习的艺术情愫与乐趣。

4. 欣赏同伴作品，分享与交流活动的快乐

运用多媒体平台式教学，通过"幼儿—作品—幼儿"的交互方

式，实现了幼儿与同伴作品的展示分享，以此促进幼儿间的情感、认知和价值的协商与沟通。基于幼儿美术活动内容的个性化与情感化表现，且因每个幼儿的经验、想法不同，个性与能力不同，创作形式不同，因此其呈现出的作品都是独一无二的。而如何使每个幼儿的作品特色得以展现，得到同伴的欣赏？教师在该环节中，将每个幼儿的作品一一拍照，集结成册，并及时与触摸式一体机相结合，逐一进行展示，以替代原有的"走马观花"欣赏和"重点"欣赏，从而引导幼儿认真地走进同伴的心理世界，选出自己最喜欢的作品，并说明为什么，以帮助幼儿学习初步的评价方法与获得欣赏同伴的能力。同时，作品的评价过程本身就是幼儿丰富、提升自身的创作经验与情趣的过程，让幼儿更多地感受到活动带来的乐趣，逐步树立自信。

5. 活动特色

首先，教师通过多媒体手段，以动画方式呈现米罗的作品，使其更加生动活泼，以激发幼儿的学习兴趣；其次，支持幼儿通过寻找、圈画、拖曳等"人—机"交互手段，调动幼儿的参与积极性；最后，幼儿在观看微课后进行真实的创作过程，支持幼儿进一步了解米罗作品的特色，欣赏抽象作品艺术美的同时，大胆地表现生活之美，以促进儿童和谐发展。

参考文献

安桂清. 2007. 整体课程论. 上海：华东师范大学出版社.

保罗·弗莱雷. 2001. 被压迫者教育学. 顾建新，赵友华，何曙荣译. 上海：华东师范大学出版社.

布鲁纳. 1989. 布鲁纳教育论著选. 邵瑞珍，张渭城，等译. 北京：人民教育出版社.

蔡宪. 2001. 论教学交互. 江南大学学报（自然科学版），（1）：95-98.

蔡迎旗. 2006. 学前教育概论. 武汉：华中师范大学出版社.

陈彩燕. 2004. 论整合课程与分科课程的并存关系. 华南师范大学学报（社会科学版），（3）：119-124.

陈纳. 2014. 幼儿应该主要学习什么——经验获得与幼儿发展关系的思考. 华中师范大学博士学位论文.

陈琦. 1997. 当代教育心理学. 北京：北京师范大学出版社.

陈佑清. 2010. 关于学习方式类型划分的思考. 课程. 教材. 教法，（2）：36-40.

从立新. 2000. 课程论理论基础的心理学转向——从学习心理学到发展心理学. 北京师范大学学报（社会科学版），（4）：25-31.

崔红英. 2015. 基于自主学习的幼儿园音乐教育研究. 南京师范大学博士学位论文.

戴尔·H. 申克. 2003. 学习理论：教育的视角. 韦小满，等译. 南京：江苏教育出版社.

窦桂梅. 2014. 新课改背景下课程整合的实践探索——清华大学附属小学"1+X课程"育人体系建构的案例研究. 教育研究，（2）：154-159.

杜威. 1981. 杜威教育论著选. 赵祥麟，王承绪编译. 上海：华东师范大学出版社.

杜威. 1990. 民主主义与教育. 王承绪译. 北京：人民教育出版社.

杜威. 2005. 我们怎样思维、经验与教育. 姜文闵译. 北京：人民教育出版社.

杜威. 2005. 学校与社会：明日之学校. 赵祥麟，任钟印，吴志宏译. 北京：人民教育出版社.

段德斌. 2003. 几种学习方式之比较. 当代教育论坛, (3): 89-90.

范明慧. 2017. 美国职业教育学术课程与职业课程的整合研究——以帕金斯职业教育法案Ⅳ为视域. 江苏师范大学硕士学位论文.

冯契. 1996. 人的自由和真善美. 上海: 华东师范大学出版社.

冯晓霞. 2001. 幼儿园课程. 北京: 北京师范大学出版社.

福禄贝尔. 1991. 人的教育. 孙祖福译. 北京: 人民教育出版社.

甘茸谊. 2017. 小学教师对"课程整合"理解的研究——基于两所学校的考察. 四川师范大学硕士学位论文.

高岚. 2003. 幼儿自主性活动课程方案. 广州: 广东旅游出版社.

高文. 1998. 现代教学的模式化研究. 济南: 山东教育出版社.

郭建鹏, 杨凌燕, 史秋衡. 2013. 大学生课堂体验对学习方式影响的实证研究——基于多水平分析的结果. 教育研究, (2): 111-119.

哈维·席尔瓦, 理查德·斯特朗, 马修·佩里尼. 2003. 多元智能与学习风格. 张玲译. 北京: 教育科学出版社.

黄宏伟. 1995. 整合概念及其哲学意蕴. 学术月刊, (9): 12-17.

黄甫全. 1997. 国外课程整合的发展走势及其启示. 比较教育研究, (3): 39-42.

贾珀尔·L. 路普纳森. 2005. 学前教育课程. 黄瑾译. 上海: 华东师范大学出版社.

简楚瑛. 2005. 学前教育课程模式. 上海: 华东师范大学出版社.

教育部基础教育司. 2002. 《幼儿园教育指导纲要（试行）》解读. 南京: 江苏教育出版社.

教育大辞典编纂委员会. 1990. 教育大辞典（第1卷）. 上海: 上海教育出版社.

金生鈜. 1997. 理解与教育: 走向哲学解释学的教育哲学导论. 北京: 教育科学出版社.

劳拉·E. 贝克. 2002. 儿童发展. 吴颖, 等译. 江苏: 江苏教育出版社.

李本友, 李红恩, 余宏亮. 2012. 学生学习方式转变的影响因素、途径与发展趋势. 教育研究, (2): 122-128.

李季湄, 冯晓霞. 2013. 《3—6岁儿童学习与发展指南》解读. 北京: 人民教育出版社.

李家成. 2006. 关怀生命: 当代中国学校教育价值取向探. 北京: 教育科学出版社.

李其龙. 1993. 德国教学论流派. 西安: 陕西人民教育出版社.

李少丽. 2009. 整合课程资源 优化课堂教学——对美国课程整合研究的借鉴. 外国中小学教育, (4): 61-65.

李顺. 2004. 课程整合的主题学习模式. 南京师范大学硕士学位论文.

李彦琳. 2004. 整合课程课程内容与学习方式研究. 重庆师范大学硕士学位论文.

联合国教科文组织. 1996. 教育——财富蕴藏其中. 联合国教科文组织总部中文科译. 北京：教育科学出版社.

梁怡. 2007. 移动学习及其交互问题研究. 软件导刊，（7）：116-117.

刘传德. 2000. 外国教育家评传精选（修订本）. 北京：北京师范大学出版社.

刘凡丰. 2002. 网络教育的四种交互及交互作用. 开放教育研究，（6）：28-30.

刘放桐. 2002. 新编现代西方哲学. 北京：人民教育出版社.

刘晶波. 1999. 师幼互动行为研究——我在幼儿园里看到了什么. 南京：南京师范大学出版社.

刘龙珍. 2016. 小学学科间课程整合研究. 西南大学硕士学位论文.

刘新平. 2014. 基于课程整合的校本课程开发. 中国教育学刊，（5）：73-75.

卢梭. 2001. 爱弥儿：论教育（上卷）. 李平沤译. 北京：人民教育出版社.

陆根书. 2012. 课堂学习环境、学习方式与大学生发展. 复旦教育论坛，（4）：46-55.

罗比·凯斯. 1994. 智慧的发展——一种新皮亚杰主义理论. 吴庆麟，朱尚忠，袁军译. 上海：上海教育出版社.

吕宝珠. 2016. 中学数学和科学课程整合的调查研究. 东北师范大学博士学位论文.

马卡连柯. 1954. 论共产主义教育. 刘长松，杨慕之译. 北京：人民教育出版社.

马克斯·范梅南. 2003. 生活体验研究——人文科学视野中的教育学. 宋广文，等译. 北京：教育科学出版社.

马克斯·范梅南. 2005. 教学机智——教育智慧的意蕴. 李树英译. 北京：教育科学出版社.

内尔·诺丁斯. 2003. 学会关心——教育的另一种模式. 于天龙译. 北京：教育科学出版社.

庞维国. 2010. 论学习方式. 课程·教材·教法，（5）：13-19.

裴娣娜. 2002. 多元文化与基础教育课程文化建设的几点思考. 教育发展研究，22（4）：5-8.

皮亚杰. 1982. 儿童的心理发展. 傅统先译. 济南：山东教育出版社.

钱万正，李艺. 2002. 远程教育课程的交互性评价. 开放教育研究，（4）：39-40.

乔晓冬. 1989. 文化与课程建设的价值取向. 北京师范大学学报（社会科学版），（2）：1-9.

日本筑波大学教育学研究会. 2003. 现代教育学基础. 钟启泉译. 上海：上海教育出版社.

单丁. 1998. 课程流派研究. 济南：山东教育出版社.

邵瑞珍. 1997. 教育心理学. 上海：上海教育出版社.

施良方. 1996. 课程理论. 北京：教育科学出版社.

石筱弢. 2004. 学前教育课程论. 北京：北京师范大学出版社.

宋松平. 2007. 学校层面的课程整合研究. 上海师范大学硕士学位论文.

孙小冬. 2017. 课程整合背景下促进教师合作策略研究——以 X 实验学校项目型整合课程为例. 华东师范大学硕士学位论文.

孙悦，孙逢万. 1994. 永不被生活俘虏——罗曼·罗兰如是说. 上海：上海文艺出版社.

孙云晓，张梅玲. 2006. 少年儿童发展蓝皮书. 北京：北京出版社.

孙智昌. 2010. 学习方式：理论结构与转变策略. 教育学报，06（6）：51-60.

唐淑. 1998. 幼儿园课程基本理论和整体改革. 南京：南京师范大学出版社.

唐淑. 2001. 幼儿园课程研究与实践. 南京：南京师范大学出版社.

托马斯·E. 希尔. 1989. 现代知识论. 刘大椿，等译. 北京：中国人民大学出版社.

汪凤炎，燕良轼. 2006. 教育心理学新编. 广州：暨南大学出版社.

王安琪. 2015. 小学课程整合研究. 华中师范大学硕士学位论文.

王文静. 2005. 情境认知与学习理论：对建构主义的发展. 全球教育展望，2005，34（4）：56-59.

王秀玲. 2003. 幼儿（2—6 岁）社会性发展整合课程研究与实践. 宁波：宁波出版社.

威廉·F. 派纳，威廉·M. 雷诺兹，帕特里克·斯莱特里，等. 2002. 理解课程——历史与当代课程话语研究导论. 张华，等译. 北京：教育科学出版社.

吴本连. 2010. 自主学习方式影响大学生体育学习效果的实验研究. 华东师范大学博士学位论文.

吴康宁. 2004. 课程社会学研究. 南京：江苏教育出版社硕士学位论文.

吴甜. 2014. 新媒体时代成人学习方式的嬗变研究. 华东师范大学.

向葵花. 2014. 中小学学生学习行为研究——旨在改进学生生活与发展状态的学习行为分析. 华中师范大学博士学位论文.

小威廉姆·E. 多尔. 2000. 后现代课程观. 王红宇译. 北京：教育科学出版社.

小威廉姆·E. 多尔. 2004. 课程愿景. 张文军，张华，余洁，等译. 北京：教育科学出版社.

邢新力. 1992. 知识辩护论. 济南：山东人民出版社.

徐浩. 2012. 幼儿园学科领域整合课程中的幼儿学习方式研究. 重庆师范大学硕士学位论文.

徐明峡. 2006. 小学综合实践活动课程整合研究. 华中师范大学硕士学位论文.

许慎. 1981. 说文解字. 段玉裁注. 上海：上海古籍出版社.

杨娟，苏菡，黄兴禄，等. 2014. 智能学习环境下新涌现技术与学习方式配置模型研究. 电化教育研究，（4）：59-65.

杨晓萍. 2002. 学前教育回归生活课程研究. 西南大学博士学位论文.

叶澜. 1999. "新基础教育"探索性研究报告集. 上海：上海三联书店.

有宝华. 2002. 综合课程论. 上海：上海教育出版社.

余岚. 2005. 幼儿园整合课程内容统整与学习方式研究. 重庆师范大学硕士学位论文.

余震球. 1994. 维果茨基教育论著选. 北京：人民教育出版社.

虞永平. 2000. 幼儿园课程超载透析. 学前教育，（1）：7-8.

虞永平. 2001. 学前教育学. 苏州：苏州大学出版社.

虞永平. 2002. 学前课程价值论. 南京：江苏教育出版社.

虞永平. 2007. 实习场与幼儿园课程. 幼儿教育，（1）：7-9.

郁晓华. 2013. 个人学习环境设计视角下自主学习的建模与实现. 华东师范大学.

袁爱玲. 2002. 冷静思考园本课程的热潮. 学前教育研究，（4）：5-6.

岳剑波. 1999. 信息管理基础. 北京：清华大学出版社.

詹栋梁. 2005. 儿童哲学. 广州：广东教育出版社.

张德红. 2013. 小学课程整合的个案研究——以山东省潍坊市×小学为例. 西南大学硕士学位论文.

张华. 1998. "实践的课程范式"及其应用研究. 全球教育展望，（5）：26-31.

张华. 2001. 经验课程论. 上海：上海教育出版社.

张焕庭. 1979. 西方资产阶级教育论著选. 北京：人民教育出版社.

张青青. 2007. 倾听花开的声音——来自意大利瑞吉欧的启示. 文教资料，（19）：186-187.

赵寄石. 2001. 学前教育论稿. 南京：南京师范大学出版社.

赵汀阳. 1994. 论可能生活. 北京：生活·读书·新知三联书店.

赵振国. 2012. 幼儿园整合课程中的数学教育——基于教师的视野. 学前教育研究，（7）：42-47，50.

中国学前教育史编写组. 1989. 中国学前教育史资料选. 北京：人民教育出版社.

钟柏昌，付小连，李艺. 2005. 课程整合的多向度解析. 教育探索，（1）：17-18.

钟启泉，高文，赵中建. 2004. 多维视角下的教育理论与思潮. 北京：教育科学出版社.

钟启泉，赵中建. 2003. 学程设计教室课程开发指南. 上海：上海师范大学出版社.

钟启泉，等. 2001. 基础教育课程改革纲要（试行）解读. 上海：华东师范大学出版社.

钟启泉，等. 2001. 世界课程改革趋势研究. 北京：北京师范大学出版社.

周润智. 2002. 分化与整合——走向和谐的课堂教学管理. 北京：高等教育出版社.

朱家雄. 1996. 幼儿园环境与幼儿行为和发展的研究. 北京：世界图书出版公司.

朱立言等. 1998. 哲学与当代文化. 北京：中国人民大学出版社.

朱智贤，林崇德. 2002. 儿童心理学史. 北京：北京师范大学出版社.

佐藤学. 2006. 学习的快乐——走向对话. 钟启泉译. 北京：教育科学出版社.

B. 英海尔德. 等. 2001. 学习与认知发展. 李其维译. 上海：华东师范大学出版社.

Beane J A. 2003. 课程统整. 单文经，等译. 上海：华东师范大学出版社.

Cook S D N，Brown J S. 1999. Bridging epistemologies：The generative dance between organizational knowledge and organizational knowing. Organizational Science，10（4）：381-400.

Crowell S. 1989. A new way of thinking: The challenge of the future. Educational Leadership，7（1）：60-63.

D. A. 库伯. 2008. 体验学习——让体验成为学习和发展的源泉. 王灿明，朱水萍，等译. 上海：华东师范大学出版社.

D. R. 克拉斯沃尔. 1989. 教育目标分类学——情感领域. 施良方，张云高译. 上海：华东师范大学出版社.

Fulton T L. 1993. Handbook of research on the education of young children by Bernard Spodek. Biochemical Journal，33（1）：128-129.

Hazlitt，Victoria. 1932. Jean Piaget，the child's conception of physical causality （Victoria Hazlitt）. The Pedagogical Seminary and Journal of Genetic Psychology. 40（1）：243-249.

Hendrick J. 2006. 学习瑞吉欧方法的第一步. 李季湄，施煜文，刘晓燕译. 北京：北京师范大学出版社.

M. 兰德曼. 1988. 哲学人类学. 阎嘉译. 贵阳：贵州人民出版社.

Mead M. 1973. Can the socialization of children lead to greater acceptance of diversity? Young Children，28（6）：322-332.

Phenix P H. 2005. Transcendence and the curriculum. Teachers College Record，N/A.

R. M. 加涅. 2001. 学习的条件和教学论. 皮连生，王映学，郑葳，等译. 上海：华东师范大学出版社.

Spodek B，Saracho O N. 1991. Issues in Childhood Curriculum. New York：Teachers College Press.